W0351694

Inhalt

Rezeptinfos

3 **PersonalPoints™ Wert** pro Person/Glas/Stück

3-8 **PersonalPoints™ Range** pro Person/Glas/Stück

PersonalPoints™ tracken

Neu! Scannen & tracken für alle WW Mitglieder

Wir haben jedem Rezept einen QR-Code für schnelles, nahtloses Tracking in der WW App hinzugefügt. Mehr Infos findest du auf der inneren Umschlagseite.

Kochvideos ansehen

QR-Code scannen und Kochvideos entdecken.

vegetarisch

vegan

glutenfrei

laktosefrei

nussfrei

Willkommen zum neuen **PersonalPoints™** Programm

Es ist dein Weg und du bestimmst die Richtung. Kein Plan gleicht dem anderen. Bei WW erhältst du einen personalisierten Plan, der dein Lieblingsessen, deine Ziele und deinen Stoffwechsel berücksichtigt. So kannst du abnehmen, ohne auf einen einzigen Genussmoment deines Lebens zu verzichten.

Ein Plan von dir für dich

Du sagst uns, was du gerne isst und wann und wie du dich am liebsten bewegst. Und wir erstellen dir einen individuellen Ernährungs- und Bewegungsplan.

Aktualisierte Punkteformel

Du wirst zu Lebensmitteln mit einem höheren Anteil an gesunden Fetten, Ballaststoffen sowie Eiweiß und einem geringeren Anteil an zugesetztem Zucker und gesättigten Fettsäuren geführt.

Bei diesem Programm kannst du dich satt essen

Kein Hungern – dank der ZeroPoint® Lebensmittel, die du nicht tracken musst, und der Möglichkeit, dein Budget aufzustocken.

Sina Peters, WW Expertin für Programm und Wissenschaft

„ZeroPoint Lebensmittel sind Lebensmittel, die du gern und häufig isst. Die Möglichkeit, das zu essen, was man liebt, ist einer der Gründe, warum dieses Programm so alltagstauglich ist!“

3 einfache Wege, dein Budget aufzustocken

Dein PersonalPoints Budget ist individuell auf deine Ziele abgestimmt und du entscheidest, für welche Lebensmittel du es einsetzt. Zum allerersten Mal bietet WW dir mit dem neuen Programm jetzt auch die Möglichkeit, zusätzliche PersonalPoints für dein Budget zu sammeln:

Iss Gemüse!

1 Handvoll Gemüse = 1 PersonalPoint für dein Tagesbudget (unbegrenzt). Gemüse enthält viele Ballaststoffe. Sie helfen dir dabei, länger satt zu bleiben.

Trinke Wasser!

1,75 l Wasser pro Tag = 1 PersonalPoint für dein Tagesbudget (max. 1 pro Tag). Je mehr Wasser du trinkst, desto weniger greifst du zu Saft oder Limonade.

Bleibe aktiv!

Mehr Bewegung = mehr PersonalPoints für dein wöchentliches Budget (unbegrenzt). Wie viele Punkte du verdienst, hängt von der Aktivität sowie von deinem Alter, deiner Größe, deinem Geschlecht und deinem Gewicht ab.

Im neuen PersonalPoints Programm erhält jeder eine individuelle Liste mit ZeroPoint Lebensmitteln, welche die ganz persönlichen Vorlieben berücksichtigt.

Daher kann der PersonalPoints Wert eines Rezeptes von Person zu Person variieren. Je nachdem, welche ZeroPoint Lebensmittel auf deiner Liste stehen, liegt dein PersonalPoints Wert innerhalb des ausgewiesenen Rahmens.

Minimaler PersonalPoints Wert ← **4–7** → **Maximaler PersonalPoints Wert**

Dein exakter PersonalPoints Wert wird dir in der WW App angezeigt, indem du den QR-Code auf der Rezeptseite scannst. So kannst du deine Mahlzeiten also auch direkt tracken!

Frühstücks-Apfel-Kuchen

Zubereitungszeit 15 Min. Garzeit 55 Min. Kühlzeit 30 Min.

1–3

117 kcal | 488 kJ

Die WW Gesunde Küche

Die WW Kochbücher sind für alle geeignet – egal, ob du WW Mitglied bist oder dich einfach ausgewogen ernähren und einen gesunden Lifestyle etablieren möchtest. Genau hierbei helfen dir unsere leckeren Rezepte, die ganz leicht nachzukochen sind.

Infos zum Scannen & Tracken der Rezepte erhältst du auf der Umschlaginnenseite.
Mehr zu unserem ganzheitlichen PersonalPoints Programm erfährst du unter ww.com.

„Mama hat es einfach drauf!“

Teenager kann man ja nur schwer beeindrucken. Deshalb bin ich jedes Mal ziemlich gerührt, wenn ich von meinen beiden Töchtern Komplimente für meine tolle neue Figur bekomme. In meinem Kleiderschrank gibt es inzwischen nur noch eine Kleidergröße. Früher waren es drei – für scheinbar drei verschiedene Frauen. Aber ich war halt mal mehr, mal weniger.

WW MITGLIED MONIKA

QR-Code scannen und weitere motivierende Erfolgsgeschichten der WW Mitglieder entdecken.

Gestört haben mich meine Pfunde immer, aber fast hätte ich mich mit ihnen arrangiert. Doch auf einem Familiengeburtstag sah ich, dass meine Cousine abgenommen hatte, und fragte nach, wie sie das gemacht hatte. Sie zeigte mir die WW App und ich war sofort begeistert. Am nächsten Tag habe ich mich auch bei WW Digital angemeldet.

10 Kilo* habe ich inzwischen abgenommen, ein paar mehr dürfen es noch sein. Aber ich gehe wieder gerne shoppen und traue mich auch mal wieder, etwas besonders Modisches anzuziehen. Wenn ich vor dem Spiegel stehe, kann ich nur sagen: Die Mama hat's wirklich gerockt! Worüber ich mich fast noch mehr freue, ist, dass ich meinen Töchtern heute ein normales Essverhalten vorleben kann.

Mit WW habe ich mir viele neue Gewohnheiten zugelegt – und davon profitiert meine ganze Familie: Der Kühlschrank ist immer randvoll mit guten Lebensmitteln. Unser Essen plane ich deshalb auch gar nicht vor. Ich entscheide mich einfach spontan. Statt Brot mit Wurst gibt es bei uns abends nun regelmäßig Salat. Die Zutaten kommen oft aus dem eigenen Hochbeet im Garten. Abends trinken mein Mann und ich gerne ein Glas Wein. Beilagen wie Käsewürfel oder Brezel, die es früher gab, lenken nur vom Genuss ab.

Bewegung macht das Leben so viel lebenswerter: Täglich bin ich mit meinem Hund unterwegs und mache viel Gartenarbeit. Die Knie tun mir dabei heute kaum noch weh. Die Schmerzen sind mit den Pfunden verschwunden. Abends lasse ich mich nicht mehr träge auf die Couch fallen, sondern hocke mich ganz dynamisch im Schneidersitz auf die Polster – und das in Jeans statt in Jogginghose. Denn selbst meine engsten Hosen kneifen nicht mehr.

Meine absoluten Lieblingsrezepte:

- **Veggie-Bohnen-Chili mit Mais** (S. 18)
- **Zander mit Tagliatelle und Karotten** (S. 55)
- **Zucchini Ziegenkäse Risotto mit Rucola** (S. 96)

*Teilnehmer des WW Programms können mit einer Gewichtsabnahme von bis zu 1 kg pro Woche rechnen. Das gezeigte Mitglied hat mit einem Vorgängerprogramm abgenommen und macht weiter mit dem PersonalPoints™ Programm.

SUPPEN & SALATE

Von leckeren One-Pot-Suppen bis hin zu schnell gemachten Salaten – super easy im Mixtopf zubereitet!

Schnelle Lasagnesuppe mit Tatar

Zubereitungszeit 5 Min. Garzeit 15 Min.

10

444 kcal | 1859 kJ

Für 2 Personen

1 Zwiebel
1 Knoblauchzehe
1 TL Olivenöl
250 g Tatar
1 EL Tomatenmark
1 gelbe Paprika
250 g Gemüsebrühe (1 TL Instantpulver)
400 g stückige Tomaten (Konserve)
Salz, Pfeffer
4 trockene Lasagneblätter
1 EL getrocknete italienische Kräuter
2 EL Schmand

1 Zwiebel schälen, halbieren, mit Knoblauch in den Mixtopf geben und 4 Sek./Stufe 5 zerkleinern. Mit dem Spatel nach unten schieben, Öl dazugeben und 1 Min./120° C/Stufe 1 dünsten. Tatar und Tomatenmark dazugeben und 3 Min./120° C/Linkslauf/Stufe 1 mitdünsten.

2 Paprika waschen, entkernen, würfeln, mit Brühe und Tomaten in den Mixtopf geben, mit Salz und Pfeffer würzen und 5 Min./100° C/Linkslauf/Sanftrührstufe garen. Lasagneblätter in mundgerechte Stücke brechen, dazugeben, 8 Min./100° C/Linkslauf/Sanftrührstufe garen. Lasagnesuppe mit Salz und Pfeffer abschmecken, mit Kräutern und Schmand garnieren und servieren.

Thunfischsalat mit Schafskäse

Zubereitungszeit 10 Min.

2-5

224 kcal | 936 kJ

Für 4 Personen

1 Salatgurke
1 Römersalatherz
200 g Cocktailtomaten
1 Dose Thunfisch (150 g Abtropfgewicht)
1 Dose Mais (285 g Abtropfgewicht)
1 kleine rote Zwiebel
1/4 Bund Schnittlauch
1 Knoblauchzehe
150 g Magermilchjoghurt
1 EL Zitronensaft
Salz, Pfeffer
150 g Schafskäse, 25 % Fett i. Tr.

1 Gurke waschen, in Stücke schneiden, in den Mixtopf geben, 4 Sek./Stufe 4 zerkleinern und umfüllen. Salat waschen, trocken schleudern, Strunk entfernen, in den Mixtopf geben, 2 Sek./Stufe 5 zerkleinern und zur Gurke geben. Tomaten waschen und halbieren. Thunfisch abtropfen lassen und Mais abgießen.

2 Für das Dressing Zwiebel schälen und halbieren. Schnittlauch waschen, trocken schütteln, grob hacken und mit Zwiebel, Knoblauch, Joghurt, Zitronensaft, Salz und Pfeffer in den Mixtopf geben. Dressing 5 Sek./Stufe 5 verrühren und mit Gurke, Salat, Tomaten, Thunfisch und Mais vermischen. Schafskäse darüberbröseln, mit Salz und Pfeffer abschmecken und Thunfischsalat servieren.

Gelbe Linsensuppe mit Tomatentopping

Zubereitungszeit 15 Min. Garzeit 20 Min.

3-6

321 kcal | 1342 kJ

Für 2 Personen
2 Tomaten
2 Zweige Thymian
2 Stängel Basilikum
2 Stängel Petersilie
1 Zwiebel
200 g Knollensellerie
1 gelbe Paprika
1 rote Chilischote
1 TL Olivenöl
100 g trockene gelbe Linsen
Salz, Pfeffer
1 TL Paprikapulver
1/2 TL Kurkuma
1 TL gemahlener Koriander
550 g vegane Gemüsebrühe
(2 TL Instantpulver)
50 g fettreduzierte Kokosmilch

1 Für das Topping Tomaten waschen und vierteln. Kräuter waschen, trocken schütteln, Blätter abzupfen, mit Tomaten in den Mixtopf geben, 3 Sek./Stufe 4 zerkleinern und umfüllen. Mixtopf ausspülen. Zwiebel und Sellerie schälen. Paprika mit Chilischote waschen, entkernen und mit Zwiebel und Sellerie in Stücke schneiden.

2 Gemüse und Chili in den Mixtopf geben, 5 Sek./Stufe 4 zerkleinern, mit dem Spatel nach unten schieben und erneut 5 Sek./Stufe 4 zerkleinern. Öl dazugeben und 3 Min./120° C/Stufe 1 andünsten. Linsen zufügen, mit Salz, Pfeffer, Paprikapulver, Kurkuma und Koriander würzen, Brühe dazugeben und 15 Min./100° C/Stufe 1 garen.

3 Kokosmilch hinzufügen, Suppe 30 Sek./Stufe 5–9 schrittweise ansteigend pürieren und mit Salz und Pfeffer abschmecken. Linsensuppe mit Tomatentopping garnieren und genießen.

Chickenburger-Salat

Zubereitungszeit 15 Min. Garzeit 10 Min.

8–9

383 kcal | 1600 kJ

Für 2 Personen

1 kleines Hamburger-Brötchen
2 Tomaten
1 kleine Zwiebel
1 TL Speisestärke
85 g Wasser
1 rote Chilischote
3 TL Olivenöl
3 EL Weißweinessig
2 TL Zucker
Salz, Pfeffer
2 Hähnchenbrustfilets (à 120 g)
3 EL Pankomehl
1/2 Eisbergsalat

1 Brötchen halbieren, in den Mixtopf geben, 4 Sek./Stufe 4 zerkleinern und umfüllen. Tomaten waschen und halbieren. Zwiebel schälen, halbieren, mit Tomaten in den Mixtopf geben, 6 Sek./Stufe 5 zerkleinern und umfüllen. Eine Schüssel auf den Mixtopfdeckel stellen, Speisestärke und 15 g Wasser einwiegen, verrühren und beiseitestellen.

2 Chilischote waschen, entkernen, in den Mixtopf geben und 4 Sek./Stufe 6 zerkleinern. Chili mit dem Spatel nach unten schieben, 1 TL Öl dazugeben und 2 Min./120° C/Stufe 1 dünsten. Essig, restliches Wasser, Zucker und 1/2 TL Salz in den Mixtopf geben und 5 Min./120° C/Stufe 1 kochen. Stärkemischung dazugeben, Sauce 40 Sek./120° C/Stufe 3 kochen und 8 Sek./Stufe 5–9 schrittweise ansteigend pürieren.

3 Hähnchenbrustfilets trocken tupfen, mit Salz und Pfeffer würzen und in Pankomehl wenden. Restliches Öl in einer Pfanne auf mittlerer bis hoher Stufe erhitzen, Hähnchen darin ca. 5 Minuten von jeder Seite braten und in Tranchen schneiden.

4 Salat waschen, trocken schleudern und in Streifen schneiden. Salat mit Tomaten, Zwiebeln, Brötchen und Hähnchen anrichten, mit Sauce beträufeln und Chickenburger-Salat servieren.

Veggie-Bohnen-Chili mit Mais

Zubereitungszeit 15 Min. Garzeit 35 Min.

1-4

274 kcal | 1568 kJ

Für 4 Personen
2 rote Zwiebeln
1 rote Chilischote
je 1 gelbe und grüne Paprika
1 Dose weiße Bohnen (255 g Abtropfgewicht)
1 Dose Mais (285 g Abtropfgewicht)
1 TL Olivenöl
200 g vegetarisches Hackfleisch
1 EL Tomatenmark
400 g stückige Tomaten (Konserve)
200 g heißes Wasser
Salz, Pfeffer
1 TL Kreuzkümmel
1 TL Chilipulver
4 EL Sojajoghurt, bis 55 kcal/100 g
2 EL gehackte Petersilie

1 Zwiebeln schälen und halbieren. Chilischote waschen, entkernen und halbieren. Paprika waschen, entkernen und in Würfel schneiden. Bohnen abspülen und mit Mais abtropfen lassen.

2 Zwiebeln und Chili in den Mixtopf geben, 5 Sek./Stufe 5 zerkleinern und mit dem Spatel nach unten schieben. Öl dazugeben und 3 Min./120° C/Stufe 1 andünsten. Hackfleisch, Paprika und Tomatenmark dazugeben und 3 Min./120° C/Linkslauf/Stufe 1 mitdünsten. Tomaten, Wasser, Salz, Pfeffer, Kreuzkümmel und Chilipulver dazugeben und 30 Min./100° C/Linkslauf/Stufe 1 köcheln lassen.

3 Mais und Bohnen zum Chili geben und 3 Min./100° C/Linkslauf/Stufe 1 erwärmen. Veggie-Bohnen-Chili mit Salz und Pfeffer abschmecken, mit Joghurt garnieren und mit Petersilie bestreuen. Guten Appetit!

Monikas Tipp

Dieses Gericht hat mir und meiner ganzen Familie wirklich richtig gut geschmeckt. Wir haben noch etwas nachgeschärft und Skyr als Topping verwendet. Dieses Chili kommt bei uns häufiger auf den Tisch!

Monikas
Lieblingsrezept

Nudelsalat mit Tomatenpesto

Zubereitungszeit 15 Min. Garzeit 15 Min.

8

309 kcal | 1293 kJ

Für 2 Personen

700 g Wasser
Salz, Pfeffer
100 g trockene Fusilli
1 Zucchini
1 kleine Aubergine
6 getrocknete Tomaten ohne Öl
20 g Parmesan
60 g Gemüsebrühe
(1/4 TL Instantpulver)
1 TL Zitronensaft
1 EL Pinienkerne

1 Wasser in den Mixtopf geben und 5 Min./100° C/Stufe 1 aufkochen. 1 TL Salz und Nudeln einwiegen, anstelle des Messbechers Spritzschutz auf den Mixtopfdeckel legen und Nudeln nach Packungsanweisung bei 100° C/Linkslauf/Stufe 1 garen.

2 Zucchini und Aubergine waschen und in Scheiben schneiden. Eine Grillpfanne auf mittlerer bis hoher Stufe erhitzen, Zucchini mit Aubergine darin fettfrei 3–5 Minuten von jeder Seite grillen und mit Salz und Pfeffer würzen.

3 Nudeln abgießen, abschrecken und Mixtopf ausspülen. Für das Pesto Tomaten mit Parmesan in den Mixtopf geben, 10 Sek./Stufe 8 zerkleinern und mit dem Spatel nach unten schieben. Brühe, Zitronensaft, Pinienkerne, Salz und Pfeffer dazugeben und 10 Sek./Stufe 6 pürieren. Pesto mit dem Spatel nach unten schieben und erneut 10 Sek./Stufe 6 pürieren. Nudeln, Gemüse und Pesto vermischen, mit Salz und Pfeffer abschmecken und Nudelsalat servieren.

Erbsen-Wurzel-Suppe mit Knoblauchcroûtons

Zubereitungszeit 15 Min. Garzeit 20 Min.

3

178 kcal | 770 kJ

Für 4 Personen
2 Schalotten
600 g Petersilienwurzeln
2 Knoblauchzehen
1 TL Olivenöl
150 g Erbsen (TK)
1 Lorbeerblatt
700 g Gemüsebrühe
(3 TL Instantpulver)
2 Scheiben Vollkornbrot
2 EL Crème légère
Salz, Pfeffer
2 EL gehackte Petersilie

1 Schalotten mit Petersilienwurzeln schälen, in Stücke schneiden und mit 1 Knoblauchzehe in den Mixtopf geben. Gemüse 5 Sek./Stufe 5 zerkleinern und mit dem Spatel nach unten schieben. Öl dazugeben und 3 Min./120° C/Stufe 1 andünsten. Gefrorene Erbsen, Lorbeerblatt und Brühe dazugeben und 15 Min./100° C/Stufe 1 garen.

2 Brot rösten, mit restlicher Knoblauchzehe einreiben und würfeln. Lorbeerblatt aus der Suppe entfernen, Suppe 30 Sek./Stufe 5–9 schrittweise ansteigend pürieren, mit Crème légère verfeinern und mit Salz und Pfeffer abschmecken. Erbsen-Wurzel-Suppe mit Knoblauchcroûtons und Petersilie garniert servieren.

Schon probiert?

Unser Dinkelbrot mit Körnern von S. 194 eignet sich auch prima, um daraus leckere Croûtons zu zaubern.

Gemüse-Reis-Salat mit Datteln

Zubereitungszeit 10 Min.   Garzeit 25 Min.   Kühlzeit 10 Min.

1-7

298 kcal | 1248 kJ

Für 2 Personen

1 kg Wasser
Salz, Pfeffer
100 g trockener Naturreis
1 Stange Staudensellerie
1 rote Paprika
1/2 Salatgurke
3 getrocknete Datteln
3 Stängel Koriander
100 g Magermilchjoghurt
1 TL Curry
1 EL Limettensaft

1 Wasser und 1 TL Salz in den Mixtopf geben, Gareinsatz einhängen, Reis einwiegen und 25 Min./100° C/Stufe 4 garen. Reis abgießen, ca. 10 Minuten abkühlen lassen und Mixtopf ausspülen.

2 Sellerie, Paprika und Gurke waschen, Paprika entkernen und alles in grobe Stücke schneiden. Gemüse mit Datteln in den Mixtopf geben und 4 Sek./Stufe 5 zerkleinern. Gemüse umfüllen.

3 Für das Dressing Koriander waschen, trocken schütteln, grob hacken, mit Joghurt, Curry, Limettensaft, Salz und Pfeffer in den Mixtopf geben und 10 Sek./Stufe 5 vermischen. Reis mit Gemüse und Dressing vermischen und mit Salz und Pfeffer abschmecken. Gemüse-Reis-Salat servieren.

Karotten-Erdnuss-Suppe mit Pute

Zubereitungszeit 15 Min. Garzeit 40 Min.

3-8

365 kcal | 1528 kJ

Für 4 Personen

300 g festkochende Kartoffeln
300 g Süßkartoffeln
400 g Karotten
1/2 Bund Frühlingszwiebeln
800 g Gemüsebrühe
(4 TL Instantpulver)
Salz, Pfeffer
1 TL Paprikapulver
2 EL Erdnusscreme
400 g Putenbrustfilet
1 EL gehackte Erdnüsse
2 EL gehackter Koriander

1 Kartoffeln und Süßkartoffeln schälen und würfeln. Karotten schälen und in Scheiben schneiden. Frühlingszwiebeln waschen, die Hälfte in Stücke und restliche Frühlingszwiebeln schräg in Ringe schneiden.

2 Brühe in den Mixtopf geben und 2 Min./120° C/Stufe 1 erwärmen. Kartoffeln, Süßkartoffeln, Karotten und Frühlingszwiebelstücke darin 20 Min./100° C/Linkslauf/Stufe 1 garen. Suppe mit Salz, Pfeffer und Paprikapulver würzen, Erdnusscreme dazugeben und 2 Min./120° C/Stufe 1 garen. Suppe 30 Sek./Stufe 5–9 schrittweise ansteigend pürieren.

3 Putenbrustfilet trocken tupfen, würfeln, in den Mixtopf geben und 15 Min./100° C/Linkslauf/Sanftrührstufe gar ziehen lassen. Erdnüsse fettfrei in einer Pfanne auf mittlerer Stufe 2–3 Minuten rösten. Karotten-Erdnuss-Suppe mit Koriander, Erdnüssen und Frühlingszwiebelringen bestreuen.

Kartoffelsalat mit Radieschen und Lachs

Zubereitungszeit 15 Min. Garzeit 15 Min. Kühlzeit 15 Min.

4–12

427 kcal | 1787 kJ

Für 2 Personen

400 g festkochende Kartoffeln
500 g Wasser
Salz, Pfeffer
1 Bund Radieschen
1 Schalotte
100 g Gewürzgurken
150 g Magermilchjoghurt
2 TL Senf
2 TL Tafelmeerrettich
2 EL heller Balsamicoessig
2 TL Olivenöl
1 TL Zucker
2 EL gehackte Petersilie
1 EL gehackter Dill
125 g Stremellachs

1 Kartoffeln schälen und würfeln. Wasser und 1 TL Salz in den Mixtopf geben, Gareinsatz einhängen, Kartoffeln dazugeben und 15 Min./Varoma/Stufe 1 garen. Radieschen waschen und in dünne Scheiben hobeln.

2 Kartoffeln abgießen und ca. 15 Minuten abkühlen lassen. Mixtopf leeren und ausspülen. Für das Dressing Schalotte schälen, mit Gurken halbieren, mit Joghurt, Senf, Meerrettich, Essig, Öl, Salz, Pfeffer und Zucker in den Mixtopf geben und 4 Sek./Stufe 4 zerkleinern.

3 Kartoffeln mit Radieschen, Kräutern und Dressing mischen. Stremellachs in Stücke zerteilen, unter den Kartoffelsalat heben, mit Salz und Pfeffer abschmecken und servieren.

Gyroseintopf mit Schafskäse

Zubereitungszeit 20 Min. Garzeit 20 Min.

6

374 kcal | 1565 kJ

Für 2 Personen
350 g Schweinefilet
250 g braune Champignons
1 gelbe Paprika
1 Zwiebel
2 Tomaten
1 TL Rapsöl
Salz, Pfeffer
1 TL Paprikapulver
2 TL gehackter Oregano
1/2 TL getrockneter Thymian
2 TL Tomatenmark
300 g Gemüsebrühe
(1 1/2 TL Instantpulver)
50 g Frischkäse,
bis 5 % Fett absolut
60 g Schafskäse, 25 % Fett i. Tr.

1 Schweinefilet trocken tupfen und in Streifen schneiden. Champignons trocken abreiben und in Scheiben schneiden. Paprika waschen, entkernen und in Würfel schneiden. Zwiebel schälen, Tomaten waschen und beides halbieren.

2 Zwiebeln und Tomaten in den Mixtopf geben, 3 Sek./Stufe 5 zerkleinern und mit dem Spatel nach unten schieben. Öl und Schweinefilet dazugeben und 5 Min./120° C/Linkslauf/Stufe 1 andünsten. Mit Salz, Pfeffer und Paprikapulver würzen und mit 1 TL Oregano und Thymian verfeinern.

3 Tomatenmark, Champignons und Paprika dazugeben und 3 Min./120° C/Linkslauf/Stufe 1 mitdünsten. Brühe dazugeben und 10 Min./100° C/Linkslauf/Stufe 1 kochen. Frischkäse mit dem Spatel unter den Gyroseintopf rühren, Schafskäse darüberbröseln und mit restlichem Oregano bestreuen.

Gut kombiniert

Serviere zu dem Eintopf das Baguette von S. 190.

Titelrezept

Quinoa-Blumenkohl-Salat

Zubereitungszeit 10 Min. Garzeit 20 Min.

2–7

279 kcal | 1166 kJ

Für 4 Personen

150 g trockene helle Quinoa
Salz, Pfeffer
1 EL Haselnüsse
1/2 Blumenkohl (ca. 500 g)
1 rote Paprika
1 süßlicher Apfel (z. B. Gala)
1 Knoblauchzehe
1 EL Olivenöl
2 EL Zitronensaft
2 EL Apfelessig
2 TL Agavendicksaft
1/2 Granatapfel

1 Quinoa nach Packungsanweisung in Salzwasser garen. Haselnüsse fettfrei in einer Pfanne auf mittlerer Stufe 2–3 Minuten rösten. Blumenkohl waschen und in Röschen teilen. Paprika mit Apfel waschen, entkernen und vierteln.

2 Blumenkohl, Paprika, Apfel, Knoblauch und Haselnüsse in den Mixtopf geben und 5 Sek./Stufe 4 zerkleinern. Mischung mit Öl, Zitronensaft, Essig, Agavendicksaft, Salz und Pfeffer verrühren und Quinoa unterheben. Granatapfelkerne herauslösen und unter den Salat mischen. Quinoa-Blumenkohl-Salat servieren.

Mix it!

Die Quinoa kannst du natürlich auch im Mixtopf garen: 20 Min./95° C/Linkslauf/Stufe 1.

Jetzt Video zu Küchentipp entdecken:
Granatapfelkerne einfach herauslösen

Sobanudel-Garnelen-Suppe

Zubereitungszeit 20 Min. Garzeit 20 Min.

3-9

408 kcal | 1706 kJ

Für 2 Personen
200 g Tomaten
125 g Zuckererbsenschoten
1 Pak Choi
1 Zwiebel
1 kleine rote Chilischote
1 Stück Ingwer (ca. 1 cm)
1 Knoblauchzehe
1 TL Rapsöl
2 EL Sojasauce
500 g Gemüsebrühe
(2 TL Instantpulver)
80 g trockene Sobanudeln
Salz
250 g küchenfertige Riesengarnelen
1 Frühlingszwiebel
4 EL fettreduzierte Kokosmilch
2 EL gehackter Koriander

1 Tomaten waschen, kreuzweise einschneiden, mit kochendem Wasser überbrühen und häuten. Tomaten entkernen und würfeln. Zuckererbsenschoten und Pak Choi waschen und Pak Choi in Streifen schneiden.

2 Zwiebel schälen und halbieren. Chilischote waschen, entkernen und halbieren. Ingwer schälen, mit Knoblauch, Zwiebel und Chili in den Mixtopf geben, 3 Sek./Stufe 5 zerkleinern, mit dem Spatel nach unten schieben und erneut 3 Sek./Stufe 5 zerkleinern.

3 Zwiebelmischung mit dem Spatel nach unten schieben, Öl dazugeben und 3 Min./120° C/Stufe 1 andünsten. Zuckererbsenschoten und Pak Choi dazugeben und 3 Min./120° C/Linkslauf/Sanftrührstufe mitdünsten. Sojasauce und Brühe dazugeben und 10 Min./100° C/Linkslauf/Sanftrührstufe garen. Nudeln nach Packungsanweisung in Salzwasser garen, abgießen und auf Teller verteilen.

4 Garnelen abspülen, trocken tupfen, mit Tomaten zur Suppe geben und 5 Min./100° C/Linkslauf/Stufe 1 garen. Frühlingszwiebel waschen und in Ringe schneiden. Suppe mit Kokosmilch verfeinern, 1 Min./100° C/Linkslauf/Stufe 1 mitgaren und über die Nudeln gießen. Sobanudel-Garnelen-Suppe mit Salz abschmecken und mit Frühlingszwiebeln und Koriander bestreuen und nach Wunsch mit Limettenspalten servieren.

Jetzt Video zu Küchentipp entdecken:
Pak Choi putzen und zubereiten

Wurzelgemüse-Rohkost-Salat mit Walnüssen

Zubereitungszeit 10 Min. Garzeit 5 Min.

4–7

201 kcal | 841 kJ

Für 4 Personen

400 g Karotten
300 g Pastinaken
300 g Topinambur
2 EL Apfelessig
1 EL Olivenöl
2 EL Agavendicksaft
Salz, Pfeffer
1 Birne
2 EL gehackte Walnüsse

1 Karotten, Pastinaken und Topinambur schälen, in Stücke schneiden und mit Essig, Öl, 1 EL Agavendicksaft, Salz und Pfeffer in den Mixtopf geben. Gemüse 10 Sek./Stufe 5 zerkleinern.

2 Birne waschen, vierteln, entkernen und in feine Spalten schneiden. Eine Pfanne auf mittlerer Stufe erhitzen und Birnen darin fettfrei ca. 3 Minuten von jeder Seite dünsten. Mit restlichem Agavendicksaft beträufeln, Walnüsse dazugeben und 3–5 Minuten karamellisieren. Birnen und Walnüsse auf dem Wurzelgemüse-Rohkost-Salat anrichten.

Bunter Linsen-Würstchen-Eintopf

Zubereitungszeit 10 Min. Garzeit 30 Min.

5-8

332 kcal | 1388 kJ

Für 4 Personen
1 Bund Suppengemüse
1 TL Olivenöl
400 g festkochende Kartoffeln
1 kg Gemüsebrühe
(4 1/2 TL Instantpulver)
1 Lorbeerblatt
120 g trockene Tellerlinsen
4 Geflügelwürstchen
Salz, Pfeffer
1 TL getrockneter Majoran
1 TL Senf

1 Sellerie und Karotten schälen und in Stücke schneiden. Lauch waschen und in Stücke schneiden. Petersilie waschen, trocken schütteln und hacken. Suppengemüse in den Mixtopf geben und 4 Sek./Stufe 5 zerkleinern.

2 Gemüse mit dem Spatel nach unten schieben, Öl dazugeben und 3 Min./Varoma/Linkslauf/Stufe 1 dünsten. Kartoffeln schälen und würfeln. Gemüse umfüllen und Messerabdeckung einsetzen. Kartoffeln, Brühe, Lorbeerblatt, Linsen und Gemüse in den Mixtopf geben und 22 Min./90° C/ Stufe 1 garen.

3 Würstchen in Scheiben schneiden. Eintopf mit Salz und Pfeffer würzen, mit Majoran, Senf und der Hälfte der Petersilie verfeinern, Würstchen dazugeben und 6 Min./100°C/ Stufe 1 garen. Lorbeerblatt aus dem Linsen-Würstchen-Eintopf entfernen und mit restlicher Petersilie garnieren.

Gulaschsuppe mit Karotten

Zubereitungszeit 10 Min. Garzeit 40 Min.

4

235 kcal | 984 kJ

Für 4 Personen
1 Zwiebel
1 Knoblauchzehe
1 TL Olivenöl
1 EL Tomatenmark
400 g Karotten
400 g Rindergulasch
600 g Gemüsebrühe
(2 1/2 TL Instantpulver)
400 g stückige Tomaten
(Konserve)
1 Lorbeerblatt
Salz, Pfeffer
1 TL Paprikapulver
1/2 TL Chilipulver
je 1 gelbe und grüne Paprika
2 TL Speisestärke
2 EL Wasser

1 Zwiebel schälen, halbieren, mit Knoblauch in den Mixtopf geben und 3 Sek./Stufe 5 zerkleinern. Gemüse mit dem Spatel nach unten schieben, Öl und Tomatenmark dazugeben und 1 Min./120° C/Stufe 1 dünsten.

2 Karotten schälen und in Stücke schneiden. Gulasch trocken tupfen, gegebenenfalls kleiner schneiden, mit Karotten in den Mixtopf geben und 7 Min./120° C/Linkslauf/Sanftrührstufe dünsten. Brühe, Tomaten und Lorbeerblatt in den Mixtopf geben, mit Salz, Pfeffer, Paprika- und Chilipulver würzen und 30 Min./100° C/Linkslauf/Sanftrührstufe garen.

3 Paprika waschen, entkernen und in Streifen schneiden. Stärke mit Wasser anrühren, mit Paprika in den Mixtopf geben und Suppe 8 Min./100° C/Linkslauf/Sanftrührstufe garen. Gulaschsuppe mit Salz und Pfeffer abschmecken, Lorbeerblatt entfernen und auf Schalen verteilen.

Sauerkraut-Kasseler-Eintopf

Zubereitungszeit 10 Min. Garzeit 25 Min.

5–8

350 kcal | 1466 kJ

Für 2 Personen

1 Schalotte
1 TL Olivenöl
200 g Kasseler, gepökelt, roh
400 g Sauerkraut (Konserve)
300 g mehligkochende Kartoffeln
250 g Gemüsebrühe
(1 TL Instantpulver)
4 Wacholderbeeren
1 TL getrockneter Majoran
Salz, Pfeffer
4 TL Schmand

1 Schalotte schälen, halbieren, in den Mixtopf geben, 3 Sek./Stufe 4 zerkleinern, mit dem Spatel nach unten schieben und erneut 3 Sek./Stufe 4 zerkleinern. Öl dazugeben und 2 Min./120° C/Stufe 1 andünsten. Kasselerfleisch in Stücke schneiden, in den Mixtopf geben und 2 Min./120° C/Linkslauf/Sanftrührstufe mitdünsten.

2 Sauerkraut abtropfen lassen. Kartoffeln schälen, würfeln, mit Sauerkraut, Brühe, Wacholderbeeren, Majoran, Salz und Pfeffer in den Mixtopf geben und 20 Min./120° C/Linkslauf/Sanftrührstufe garen. Wacholderbeeren entfernen, Sauerkrauteintopf mit Salz und Pfeffer abschmecken und mit Schmand garniert servieren.

Asia-Rohkost-Salat

Zubereitungszeit 15 Min. Garzeit 5 Min.

1

104 kcal | 436 kJ

Für 4 Personen

300 g Chinakohl
350 g Rotkohl
300 g Rettich
300 g Karotten
Salz, Pfeffer
1 Stück Ingwer (ca. 3 cm)
1 rote Chilischote
1 Knoblauchzehe
1 EL Sesamöl
2 EL Sojasauce
2 EL Wasser
2 EL Limettensaft
1 TL 5-Gewürze-Pulver

1 Chinakohl waschen, Boden samt Strunk entfernen und Kohl vierteln. Rotkohl putzen, vierteln, den Strunk entfernen und Kohl vierteln. Rettich mit Karotten schälen, in Stücke schneiden. Gemüse mit Salz portionsweise in den Mixtopf geben, jeweils 8 Sek./Stufe 4 zerkleinern, herausnehmen und abtropfen lassen.

2 Ingwer schälen. Chilischote waschen, entkernen, halbieren, mit Knoblauch und Ingwer in den Mixtopf geben und 4 Sek./Stufe 6 zerkleinern. Gemüse mit dem Spatel nach unten schieben, Öl dazugeben und 2 Min./120° C/Stufe 1 andünsten. Sojasauce, Wasser, Limettensaft und 5-Gewürze-Pulver dazugeben und 2 Min./120° C/Stufe 1 weitergaren.

3 Sauce 20 Sek./Stufe 5–7 schrittweise ansteigend pürieren, mit dem Spatel nach unten schieben und erneut 20 Sek./Stufe 6–9 schrittweise ansteigend pürieren. Dressing zum Rohkostsalat geben, vermischen und mit Salz und Pfeffer abschmecken.

Gut kombiniert

400 g Garnelen, in 1 TL Rapsöl gebraten, sind ein tolles Topping für den knackigen Salat. Die PersonalPoints™ Range beträgt 1–3.

Gemischte Gemüsesuppe

Zubereitungszeit 10 Min. Garzeit 20 Min.

0

104 kcal | 437 kJ

Für 2 Personen

200 g Knollensellerie
1 Zucchini
2 Tomaten
1 Stange Lauch
400 g vegane Gemüsebrühe
(2 TL Instantpulver)
2 Zweige Thymian
Salz, Pfeffer

1 Sellerie schälen und in Stücke schneiden. Zucchini waschen, in grobe Stücke schneiden, mit Sellerie in den Mixtopf geben und 4 Sek./Stufe 4 zerkleinern.

2 Gemüse mit dem Spatel nach unten schieben und 3 Min./100° C/Stufe 1 dünsten. Tomaten waschen und vierteln. Lauch waschen und in Ringe schneiden. Tomaten mit Lauch in den Mixtopf geben, mit Brühe ablöschen und 15 Min./100° C/Stufe 1 garen.

3 Thymian waschen, trocken schütteln und hacken. Suppe 40 Sek./Stufe 5–9 schrittweise ansteigend pürieren, mit Salz und Pfeffer abschmecken und mit Thymian verfeinern. Gemischte Gemüsesuppe genießen.

Gut kombiniert

Serviere dazu 2 Scheiben Knoblauchbaguette pro Person. Das Rezept findest du in unserem Special auf S. 190.

Kürbissuppe mit Hähnchenspießen

Zubereitungszeit 15 Min. Garzeit 20 Min.

2–3

249 kcal | 1042 kJ

Für 4 Personen

1 Zwiebel
300 g Karotten
1 kleiner Butternutkürbis (ca. 700 g)
1 Knoblauchzehe
2 TL Olivenöl
700 g Gemüsebrühe (3 TL Instantpulver)
1/2 TL geriebene Muskatnuss
2 TL Paprikapulver
1 TL Curry
400 g Hähnchenbrustfilet
Salz, Pfeffer
4 TL Balsamicocreme

1 Zwiebel schälen und halbieren. Karotten schälen und in Stücke schneiden. Kürbis halbieren, Kerne mit einem Löffel entfernen und Kürbis in grobe Stücke schneiden. Zwiebel, Karotten, Kürbis und Knoblauch in den Mixtopf geben und 4 Sek./Stufe 8 zerkleinern.

2 Gemüse mit dem Spatel nach unten schieben, 1 TL Öl dazugeben und 3 Min./100° C/Stufe 1 dünsten. Brühe, Muskatnuss, 1 TL Paprikapulver und Curry dazugeben und 15 Min./100° C/Stufe 1 garen.

3 Hähnchenbrustfilet trocken tupfen, würfeln, auf 4 Spieße stecken und mit Salz, Pfeffer und restlichem Paprikapulver würzen. Restliches Öl in einer Pfanne auf mittlerer bis hoher Stufe erhitzen, Hähnchenspieße darin 8–10 Minuten rundherum braten und mit Bratensatz beträufeln.

4 Suppe 30 Sek./Stufe 5–9 schrittweise ansteigend pürieren und mit Salz und Pfeffer abschmecken. Kürbissuppe mit Balsamicocreme marmorieren und Hähnchenspieße dazu servieren.

Monikas Tipp

Das Gericht ist super lecker und klappt auch prima mit Hokkaidokürbis. Wer Suppen lieber etwas flüssiger mag, so wie ich, ergänzt noch etwas Brühe.

FLEISCH & FISCH

Tolle Gerichte mit gedämpftem Fleisch und Fisch aus dem Varoma oder in der Pfanne gebraten zu leckeren Beilagen aus dem Thermomix.

Griechisches Schweinefilet mit Reissalat

Zubereitungszeit 20 Min.   Garzeit 25 Min.

9–11

488 kcal | 2040 kJ

Für 4 Personen
1 unbehandelte Zitrone
500 g Schweinefilet
3 TL getrockneter Oregano
Salz, Pfeffer
160 g trockener Langkornreis
1/4 Salatgurke
4 Stängel Dill
1 Knoblauchzehe
170 g griechischer Joghurt, Natur, bis 0,2 % Fett
500 g Cocktailtomaten
1 rote Zwiebel
1 Dose Kichererbsen (265 g Abtropfgewicht)
3 getrocknete Tomaten ohne Öl
1 EL Olivenöl
2 EL Rotweinessig
1 EL Rapsöl

1 2 TL Zitronenschale abreiben und Zitrone in Spalten schneiden. Schweinefilet trocken tupfen und in 4 Stücke schneiden. 1 TL Zitronenschale mit 2 TL Oregano, Salz und Pfeffer verrühren und Schweinefilets darin wenden. Reis nach Packungsanweisung in Salzwasser garen.

2 Für den Tzatziki Gurke waschen, entkernen und in Stücke schneiden. Dill waschen, trocken schütteln, grob hacken, mit Knoblauch in den Mixtopf geben und 4 Sek./Stufe 5 zerkleinern. Mit dem Spatel nach unten schieben, Gurke dazugeben und 4 Sek./Stufe 4 zerkleinern. Joghurt, restliche Zitronenschale, Salz und Pfeffer dazugeben und 15 Sek./Stufe 3 verrühren. Tzatziki umfüllen, kalt stellen und Mixtopf ausspülen.

3 Cocktailtomaten waschen und halbieren. Zwiebel schälen und halbieren. Kichererbsen abspülen und abtropfen lassen. Für das Dressing getrocknete Tomaten in den Mixtopf geben und 6 Sek./Stufe 7 zerkleinern. Zwiebel dazugeben und 5 Sek./Stufe 5 zerkleinern. 150 g Cocktailtomaten, Olivenöl, Essig und restlichen Oregano dazugeben und 5 Sek./Stufe 6 zerkleinern. Reis, restliche Cocktailtomaten und Kichererbsen dazugeben, 15 Sek./Linkslauf/Stufe 3 verrühren und mit Salz und Pfeffer abschmecken.

4 Rapsöl in einer Pfanne auf hoher Stufe erhitzen, Schweinefilets darin 5–7 Minuten rundherum braten, ca. 2 Minuten ruhen lassen und in Tranchen schneiden. Mit Reissalat und Tzatziki auf Tellern anrichten und mit Zitronenspalten servieren.

Monikas
Lieblingsrezept

Zander mit Tagliatelle und Karotten

Zubereitungszeit 15 Min. Garzeit 20 Min.

11-12

504 kcal | 2107 kJ

Für 2 Personen
1 kleine Zitrone
2 Zanderfilets (à 125 g)
Salz, Pfeffer
4 TL gehackter Thymian
500 g bunte Karotten
1 EL Halbfettmargarine
2 TL Olivenöl
2 EL Orangensaft
500 g Wasser
120 g trockene Tagliatelle
1 TL Speisestärke
1 Msp. Paprikapulver
1 EL Schmand

1 Zitrone vierteln und ein Viertel auspressen. Zander abspülen, trocken tupfen, mit Salz und Pfeffer würzen, mit 1 TL Thymian bestreuen und mit Zitronensaft beträufeln. Varoma-Einlegeboden mit Backpapier auslegen, dabei die oberen seitlichen Dampfschlitze freilassen und Zander darauflegen.

2 Karotten schälen und in Stifte schneiden. Margarine mit Öl, Orangensaft, Salz, Pfeffer und 1 TL Thymian verrühren und mit Karotten vermischen. Karotten in den Varoma-Behälter geben, Einlegeboden daraufsetzen und verschließen.

3 Wasser in den Mixtopf füllen, Varoma aufsetzen und 7 Min./Varoma/Stufe 1 garen. Varoma absetzen, Nudeln und 1 TL Salz in den Mixtopf geben, Varoma aufsetzen und weitere 10 Min./Varoma/Linkslauf/Sanftrührstufe garen. Nudeln abgießen, dabei 200 g Nudelwasser auffangen und Nudelwasser zurück in den Mixtopf geben.

4 Stärke mit 1 EL kaltem Wasser anrühren, mit Salz, Pfeffer und Paprikapulver zum Nudelwasser geben und 3 Min./100° C/Stufe 1 kochen. Sauce mit Schmand verfeinern, mit Nudeln mischen und auf Tellern anrichten. Karotten und Zander daraufgeben und mit restlichem Thymian und Zitronenvierteln servieren.

Monikas Tipp

Das Gericht kam bei allen von uns echt gut an. Ich empfehle dazu Vollkornnudeln! Die halten lange satt und ich spare sogar noch Punkte.

Frikadellen mit Kartoffel-Lauch-Stampf

Zubereitungszeit 20 Min. Garzeit 30 Min.

6–9

396 kcal | 1655 kJ

Für 4 Personen
200 g Karotten
400 g Tatar
1 Ei (Größe M)
2 EL Paniermehl
Salz, Pfeffer
1 TL Paprikapulver
600 g festkochende Kartoffeln
2 Stangen Lauch
900 g Wasser
1 EL Rapsöl
2 Tüten WW Cream Sauce
75 g Frischkäse,
bis 5 % Fett absolut
2 EL Schnittlauchringe

1 Karotten schälen, in Stücke schneiden, in den Mixtopf geben und 15 Sek./Stufe 4 zerkleinern. Karotten mit dem Spatel nach unten schieben, Tatar, Ei, Paniermehl, Salz, Pfeffer und Paprikapulver dazugeben und 1 Min./Teigknetstufe verrühren. Aus der Masse mit feuchten Händen 12 Frikadellen formen und kalt stellen. Mixtopf ausspülen.

2 Kartoffeln schälen und würfeln. Lauch waschen und in Ringe schneiden. 500 g Wasser und 1 TL Salz in den Mixtopf geben, Gareinsatz einhängen und Kartoffeln dazugeben. Varoma-Behälter aufsetzen, Lauch einfüllen, Varoma verschließen und 25 Min./Varoma/Stufe 1 garen.

3 Öl in einer tiefen Pfanne auf mittlerer bis hoher Stufe erhitzen, Frikadellen darin 10–12 Minuten rundherum braten und herausnehmen. WW Cream Sauce mit restlichem Wasser anrühren und im Bratensatz auf mittlerer Stufe aufkochen.

4 Varoma absetzen, Gareinsatz mithilfe des Spatels herausnehmen und Mixtopf leeren. Kartoffeln, Lauch, Frischkäse, Salz und Pfeffer in den Mixtopf geben und mithilfe des Spatels 10 Sek./Stufe 4 grob zerkleinern. Kartoffel-Lauch-Stampf mit Schnittlauch verfeinern und mit Frikadellen und Sauce anrichten.

Gleichmäßig zerkleinert

Beim Zerkleinern der Zutaten für den Stampf führst du den Spatel durch die Deckelöffnung, damit die Kartoffelstücke beim Mix-Vorgang zurück zum Messer prallen. Den Spatel solltest du dabei festhalten.

Schweinefiletspieße mit fruchtiger Salsa

Zubereitungszeit 20 Min. Garzeit 10 Min.

4–11

446 kcal | 1866 kJ

Für 2 Personen
2 Frühlingszwiebeln
1 rote Chilischote
2 Tomaten
1 kleine Mango (ca. 200 g)
4 Stängel Koriander
1 kleine Dose Mais (140 g Abtropfgewicht)
2 EL Zitronensaft
Salz, Pfeffer
80 g Avocadofruchtfleisch
1 Knoblauchzehe
300 g Schweinefilet
1/2 TL Paprikapulver
1 TL Rapsöl
60 g Magerquark
1 EL Schmand
1/2 TL getrocknete italienische Kräuter

1 Für die Salsa Frühlingszwiebeln waschen und in Stücke schneiden. Chilischote waschen, entkernen und halbieren. Tomaten waschen, vierteln und entkernen. Mango schälen und das Fruchtfleisch in Spalten vom Stein schneiden. Koriander waschen, trocken schütteln und grob hacken. Mais abgießen.

2 Frühlingszwiebeln mit Chili und Koriander in den Mixtopf geben, 3 Sek./Stufe 6 zerkleinern und mit dem Spatel nach unten schieben. Tomaten und Mango dazugeben, 3 Sek./Stufe 5 zerkleinern, Mais und 1 EL Zitronensaft mit dem Spatel unterrühren und mit Salz und Pfeffer abschmecken. Salsa umfüllen und Mixtopf ausspülen.

3 Avocadofruchtfleisch in Stücke schneiden. Knoblauch in den Mixtopf geben, 3 Sek./Stufe 5 zerkleinern und mit dem Spatel nach unten schieben. Avocado, restlichen Zitronensaft, Salz und Pfeffer dazugeben, 3 Sek./Stufe 5 verrühren, mit dem Spatel nach unten schieben und erneut 3 Sek./Stufe 5 verrühren.

4 Schweinefilet trocken tupfen, in Würfel schneiden, mit Salz, Pfeffer und Paprikapulver würzen und auf 4 Spieße stecken. Öl in einer Pfanne auf hoher Stufe erhitzen und Schweinefiletspieße darin 8–10 Minuten rundherum braten. Für die Sour Cream Quark mit Schmand, Kräutern, Salz und Pfeffer verrühren und mit Spießen, Salsa und Avocadodip servieren.

Gut kombiniert

Dazu passen die gesalzenen WW Tortilla Chips. Erhältlich im WW Studio oder unter wwshop.de.

Fisch mit Würzhaube und Gemüsepäckchen

Zubereitungszeit 20 Min.   Garzeit 15 Min.

4–6

342 kcal | 1430 kJ

Für 2 Personen
1 rote Zwiebel
1 Broccoli
1 gelbe Paprika
1 Knoblauchzehe
Salz, Pfeffer
1/2 TL Kreuzkümmel
1 EL Zitronensaft
1 EL Olivenöl
4 Stängel Petersilie
2 Zweige Thymian
1/4 Bund Schnittlauch
1 Tomate
1 EL Kapern
3 EL Paniermehl
2 Zanderfilets (à 125 g)
500 g Wasser
150 g Magermilchjoghurt

1 Zwiebel schälen und halbieren. Broccoli waschen und in Röschen teilen. Paprika waschen, entkernen und in feine Streifen schneiden. Zwiebel mit Knoblauch, Salz, Pfeffer und Kreuzkümmel in den Mixtopf geben und 5 Sek./Stufe 4 zerkleinern. Die Hälfte der Zwiebelmischung herausnehmen und beiseitestellen.

2 Restliche Zwiebelmischung mit dem Spatel nach unten schieben, Broccoli dazugeben und 5 Sek./Stufe 4 zerkleinern. Broccoli mit Paprika, Zitronensaft und Öl vermischen. Gemüse auf 2 Stücken Backpapier verteilen, zu Päckchen verschließen, Enden zusammenbinden und in den Varoma-Behälter legen. Mixtopf ausspülen.

3 Für die Würzhaube Kräuter waschen, trocken schütteln, grob hacken und in den Mixtopf geben. Kräuter 3 Sek./Stufe 8 zerkleinern, mit dem Spatel nach unten schieben und erneut 3 Sek./Stufe 8 zerkleinern. Die Hälfte herausnehmen und restliche Kräuter mit dem Spatel nach unten schieben. Tomate waschen, vierteln, in den Mixtopf geben und 8 Sek./Stufe 4 zerkleinern. Kapern, Paniermehl, beiseitegestellte Zwiebelmischung, Salz und Pfeffer in den Mixtopf geben und 5 Sek./Stufe 3 verrühren.

4 Zanderfilets abspülen, trocken tupfen, Würzhaube darauf verteilen und leicht andrücken. Varoma-Einlegeboden mit Backpapier auslegen, dabei einige Dampfschlitze freilassen. Fisch darauflegen, in den Varoma-Behälter einsetzen und verschließen. Wasser in den Mixtopf füllen, Varoma aufsetzen und 15 Min./Varoma/Stufe 1 garen. Für den Dip Joghurt mit restlichen Kräutern, Salz und Pfeffer verrühren. Varoma absetzen und Fisch mit Gemüsepäckchen und Dip servieren.

Zitroniges Hähnchen mit Grünkern

Zubereitungszeit 10 Min. Garzeit 20 Min.

3–8

391 kcal | 1636 kJ

Für 4 Personen
400 g Hähnchenbrustfilet
Salz, Pfeffer
1 Zitrone
160 g trockener Grünkern
5 getrocknete Tomaten ohne Öl
1 Zwiebel
2 Knoblauchzehen
500 g Geflügelfond
1 TL getrockneter Rosmarin
2 Dosen Artischockenherzen in Lake (à 240 g Abtropfgewicht)
16 Kalamata-Oliven in Lake
100 g Schafskäse, 25 % Fett i. Tr.

1 Hähnchenbrustfilet trocken tupfen und mit Salz und Pfeffer würzen. Zitrone halbieren, eine Hälfte auspressen und restliche Zitrone in Scheiben schneiden. Varoma-Einlegeboden mit Backpapier auslegen, dabei die oberen seitlichen Dampfschlitze freilassen. Hähnchen darauflegen, mit Zitronenscheiben belegen, in den Varoma-Behälter einsetzen und verschließen.

2 Grünkern in den Mixtopf geben, 12 Sek./Stufe 8 schroten und umfüllen. Tomaten in den Mixtopf geben und 6 Sek./Stufe 7 zerkleinern. Zwiebel schälen, halbieren, mit Knoblauch in den Mixtopf geben, 5 Sek./Stufe 5 zerkleinern und mit dem Spatel nach unten schieben. Fond, Grünkern, Zitronensaft, Rosmarin, Salz und Pfeffer dazugeben, Varoma-Behälter aufsetzen und 20 Min./Varoma/Linkslauf/Stufe 1 garen.

3 Artischocken abtropfen lassen und halbieren. Varoma absetzen, Hähnchen herausnehmen und mit einer Gabel zerpflücken. Hähnchen, Artischocken und Oliven unter den Grünkern heben, mit Salz und Pfeffer abschmecken und Schafskäse darüberbröseln. Enjoy!

Gut kombiniert

Du kannst noch verschiedenes Gemüse ergänzen, zum Beispiel Mangold, Spinat, Erbsen oder einen grünen Salat dazu servieren.

Glasierter Thunfisch mit Gemüseslaw

Zubereitungszeit 15 Min. Garzeit 10 Min.

2-6

339 kcal | 1419 kJ

Für 2 Personen
1 Limette
1 EL Tomatenmark
2 EL Sojasauce
1 TL Zucker
1 TL Chiliflocken
2 Thunfischfilets (à 125 g)
400 g Wasser
250 g Karotten
1/4 Weißkohl (ca. 300 g)
2 Frühlingszwiebeln
6 Stängel Koriander
2 Stängel Minze
1 Stück Ingwer (ca. 2 cm)
45 g Salatcreme, bis 10 % Fett
Salz, Pfeffer

1 Limette auspressen. Für die Glasur die Hälfte des Limettensaftes mit Tomatenmark, Sojasauce, Zucker und 1/2 TL Chiliflocken verrühren. Thunfischfilets abspülen, trocken tupfen und rundherum mit Glasur bestreichen. Varoma-Einlegeboden mit Backpapier auslegen, dabei die oberen seitlichen Dampfschlitze freilassen. Fisch darauflegen, in den Varoma-Behälter einsetzen und verschließen. Wasser in den Mixtopf füllen, Varoma aufsetzen und 8 Min./Varoma/Stufe 1 garen.

2 Für den Gemüseslaw Karotten schälen und in Stücke schneiden. Weißkohl putzen, den Strunk entfernen und Kohl in Stücke schneiden. Frühlingszwiebeln waschen und in Stücke schneiden. Kräuter waschen, trocken schütteln und grob hacken. Ingwer schälen und reiben.

3 Varoma absetzen, Mixtopf ausspülen, Gemüse, Kräuter, restlichen Limettensaft, Ingwer, restliche Chiliflocken, Salatcreme, Salz und Pfeffer hineingeben und 6 Sek./Stufe 5 zerkleinern. Gemüseslaw auf 2 Teller verteilen, Thunfisch darauf anrichten und genießen.

Schnitzel mit Gemüse und Rahmsauce

Zubereitungszeit 15 Min. Garzeit 25 Min.

7–11

493 kcal | 2061 kJ

Für 2 Personen
600 g Wasser
1/2 Romanesco
150 g grüne Bohnen (TK)
Salz, Pfeffer
2 EL Zitronensaft
1 Ei (Größe M)
3 EL Paniermehl
2 Hähnchenschnitzel (à 150 g)
1 Zwiebel
1 TL Tomatenmark
3 TL Rapsöl
1 EL Mehl
100 g Gemüsebrühe
(1/2 TL Instantpulver)
1 EL Sojasauce
75 g Crème légère
1 TL Senf
1/2 TL Paprikapulver

1 Wasser in den Mixtopf geben und Varoma-Behälter aufsetzen. Romanesco waschen, in Röschen teilen, mit Bohnen in den Varoma-Behälter geben, mit Salz und Pfeffer würzen und mit Zitronensaft beträufeln. Varoma verschließen und 18 Min./Varoma/Stufe 1 garen.

2 Ei mit Salz und Pfeffer in einem tiefen Teller verquirlen. Paniermehl in einem weiteren tiefen Teller verteilen. Hähnchenschnitzel trocken tupfen, gegebenenfalls flacher klopfen, zuerst in Ei und danach in Paniermehl wenden. Zwiebel schälen und halbieren.

3 Varoma absetzen, Gemüse warm stellen und Mixtopf leeren. Für die Rahmsauce Zwiebel in den Mixtopf geben, 4 Sek./Stufe 5 zerkleinern und mit dem Spatel nach unten schieben. Tomatenmark und 1 TL Öl dazugeben und 3 Min./120° C/Stufe 1 dünsten. Mehl, Brühe, Sojasauce, Crème légère und Senf verrühren, dazugeben, mit Salz, Pfeffer und Paprikapulver würzen 5 Min./100° C/Sanftrührstufe andicken.

4 Restliches Öl in einer Pfanne auf mittlerer bis hoher Stufe erhitzen und Hähnchenschnitzel darin 5–7 Minuten von jeder Seite braten. Schnitzel mit Gemüse und Rahmsauce auf Tellern verteilen.

Gut kombiniert

Zu diesem Rezept passen Spätzle oder Kroketten super gut.

Tafelspitz mit Gurken-Apfel-Salat

Zubereitungszeit 20 Min. Garzeit 60 Min.

8–9

350 kcal | 1465 kJ

Für 6 Personen

1 Schalotte
50 g Gewürzgurken
1/4 Bund Schnittlauch
1/4 Bund Dill
1 Eigelb (Größe M)
2 TL Dijon-Senf
3 EL Zitronensaft
Salz, Pfeffer
80 g Rapsöl
800 g Tafelspitz
1,2 kg Wasser
2 Salatgurken
2 süßliche Äpfel (z. B. Gala)
1 EL Olivenöl

1 Schalotte schälen und halbieren. Gewürzgurken halbieren. Schnittlauch mit Dill waschen, trocken schleudern und grob hacken. Je 1 EL Schnittlauch und Dill beiseitestellen, restliche Kräuter mit Gewürzgurken und Schalotte in den Mixtopf geben, 6 Sek./Stufe 4 zerkleinern und mit dem Spatel nach unten schieben. Erneut 6 Sek./Stufe 4 zerkleinern und umfüllen.

2 Für die Remoulade Eigelb, Senf, 1 TL Zitronensaft, Salz und Pfeffer in den Mixtopf geben und 2 Min./Stufe 4 verrühren, dabei Rapsöl langsam durch den Mixtopfdeckel dazugeben. Remoulade zur Schalotten-Gurken-Mischung geben und kalt stellen. Mixtopf ausspülen.

3 Tafelspitz kräftig mit Salz und Pfeffer würzen und in den Varoma-Behälter geben. Wasser in den Mixtopf füllen, Varoma-Behälter aufsetzen, verschließen und 60 Min./Varoma/Stufe 1 garen. Varoma absetzen, Mixtopf leeren und ausspülen.

4 Gurken waschen und in Stücke schneiden. Äpfel waschen, vierteln, entkernen, mit Gurken in den Mixtopf geben und 5 Sek./Stufe 4 zerkleinern. Gurken-Apfel-Salat mit Olivenöl, restlichem Zitronensaft, restlichen Kräutern, Salz und Pfeffer vermischen. Tafelspitz in Scheiben schneiden und mit Remoulade und Salat servieren.

Gut kombiniert

Gare 600 g Kartoffelwürfel im Einlegeboden 30 Min./Varoma/Stufe 1 mit. Der PersonalPoints™ Wert kann sich um max. 2 erhöhen.

Hähnchen Stroganoff mit Spinat

Zubereitungszeit 15 Min. Garzeit 25 Min.

2-9

364 kcal | 1523 kJ

Für 4 Personen

200 g trockener Naturreis
Salz, Pfeffer
1 Zwiebel
400 g Hähnchenbrustfilet
2 Knoblauchzehen
1 EL Olivenöl
150 g Gemüsebrühe
(1/2 TL Instantpulver)
1 TL Paprikapulver
1/2 TL Cayennepfeffer
je 250 g kleine braune und weiße Champignons
1 TL Worcestersauce
150 g Baby-Blattspinat
2 EL gehackte Petersilie
4 EL saure Sahne
1 EL gehackter Dill

1 Reis nach Packungsanweisung in Salzwasser garen. Zwiebel schälen und halbieren. Hähnchenbrustfilet trocken tupfen und in Streifen schneiden. Zwiebel mit Knoblauch in den Mixtopf geben, 4 Sek./Stufe 5 zerkleinern und mit dem Spatel nach unten schieben.

2 Öl und Hähnchen dazugeben und ohne Messbecher 5 Min./120° C/Linkslauf/Sanftrührstufe dünsten. Brühe, Salz, Pfeffer, Paprikapulver und Cayennepfeffer dazugeben und 8 Min./100° C/Linkslauf/Stufe 1 garen.

3 Champignons trocken abreiben, vierteln, mit Worcestersauce in den Mixtopf geben und 10 Min./100° C/Linkslauf/Sanftrührstufe garen. Spinat waschen, trocken schleudern, mit Petersilie und saurer Sahne in den Mixtopf geben und mithilfe des Spatels 2 Min./100° C/Linkslauf/Stufe 2 unterrühren. Hähnchen Stroganoff mit Reis anrichten und mit Dill bestreuen – guten Appetit!

Ratatouille mit Lamm

Zubereitungszeit 15 Min. Garzeit 40 Min.

5

230 kcal | 962 kJ

Für 4 Personen
1 Zucchini
1 Aubergine
1 gelbe Paprika
1 Zwiebel
1 Knoblauchzehe
2 TL Rapsöl
400 g Lammgulasch
1 EL Tomatenmark
90 g trockener Rotwein
400 g stückige Tomaten (Konserve)
Salz, Pfeffer
1/2 TL Cayennepfeffer
1 TL Zucker
1 EL italienische Kräuter (TK)

1 Zucchini mit Aubergine waschen und in grobe Stücke schneiden. Paprika waschen, entkernen und in Stücke schneiden. Gemüse in den Mixtopf geben, 3 Sek./Stufe 4 zerkleinern und umfüllen.

2 Zwiebel schälen, halbieren, mit Knoblauch in den Mixtopf geben, 3 Sek./Stufe 5 zerkleinern und mit dem Spatel nach unten schieben. Öl dazugeben und 2 Min./120° C/ Stufe 1 dünsten. Lammgulasch trocken tupfen, mit Tomatenmark dazugeben und 5 Min./120° C/Linkslauf/Sanftrührstufe mitdünsten.

3 Wein und Tomaten dazugeben, mit Salz, Pfeffer und Cayennepfeffer würzen und 20 Min./100° C/Linkslauf/Sanftrührstufe garen. Gemüse und Zucker dazugeben und weitere 15 Min./100° C/Linkslauf/Stufe 1 mitgaren. Ratatouille mit Kräutern verfeinern, mit Salz und Pfeffer abschmecken und anrichten.

Einfach satt

Wer mag, kann 400 g geschälte Kartoffelstücke dazugeben und mitgaren. Der PersonalPoints™ Wert kann sich um max. 2 erhöhen.

Steak mit gemischten Bohnen

Zubereitungszeit 10 Min. Garzeit 20 Min.

5–9

489 kcal | 2047 kJ

Für 2 Personen

250 g grüne Bohnen
Salz, grober Pfeffer
600 g Wasser
1 Dose weiße Bohnen (240 g Abtropfgewicht)
120 g Kidneybohnen (Konserve)
2 Frühlingszwiebeln
400 g passierte Tomaten (Konserve)
2 Rindersteaks (à 150 g)
2 TL Rapsöl
1 Msp. Chiliflocken

1 Grüne Bohnen waschen, Enden abschneiden, mit Salz und Pfeffer würzen und in den Varoma-Behälter geben. Wasser in den Mixtopf füllen, Varoma-Behälter aufsetzen, verschließen und 10 Min./Varoma/Stufe 1 garen.

2 Weiße Bohnen mit Kidneybohnen abspülen und abtropfen lassen. Frühlingszwiebeln waschen und in Stücke schneiden. Varoma absetzen, Mixtopf ausspülen, Frühlingszwiebeln hineingeben, 4 Sek./Stufe 6 zerkleinern und mit dem Spatel nach unten schieben. Tomaten, Salz und Pfeffer dazugeben, Varoma-Behälter aufsetzen und 5 Min./100° C/Stufe 1 garen. Weiße und Kidneybohnen zu den Tomaten geben und weitere 5 Min./100° C/Linkslauf/Stufe 1 garen.

3 Steaks trocken tupfen und mit Salz und Pfeffer würzen. Öl in einer Pfanne auf hoher Stufe erhitzen und Steaks darin 3–5 Minuten von jeder Seite braten. Grüne Bohnen unter die Tomaten-Bohnen-Mischung heben, Steaks in Tranchen schneiden, darauf anrichten und mit Chiliflocken bestreuen.

Jetzt Video zu Küchentipp entdecken:
Steak richtig braten mit Handballentest

Ingwerhähnchen mit Reis und Zuckerschoten

Zubereitungszeit 10 Min. Garzeit 25 Min.

6–8

472 kcal | 1975 kJ

Für 2 Personen

1 Stück Ingwer (ca. 4 cm)
1 rote Chilischote
1 Knoblauchzehe
1 TL Sesamöl
Salz, Pfeffer
2 Hähnchenbrustfilets (à 150 g)
400 g Zuckererbsenschoten
100 g trockener Jasminreis
500 g Wasser

1 Für die Marinade Ingwer schälen. Chilischote waschen und entkernen. Ingwer mit Knoblauch, Chili, Öl, Salz und Pfeffer in den Mixtopf geben, 4 Sek./Stufe 5 zerkleinern, mit dem Spatel nach unten schieben und erneut 4 Sek./Stufe 5 zerkleinern.

2 Hähnchenbrustfilets trocken tupfen und mit Marinade einreiben. Varoma-Einlegeboden mit Backpapier auslegen und Hähnchen darauflegen. Zuckererbsenschoten waschen und im Varoma-Behälter verteilen.

3 Gareinsatz in den Mixtopf hängen, Reis einwiegen und Wasser über den Reis in den Mixtopf geben. Varoma-Behälter aufsetzen, Varoma-Einlegeboden einsetzen, verschließen und 25 Min./Varoma/Stufe 1 garen.

4 Varoma absetzen, Gareinsatz mithilfe des Spatels herausnehmen und Zuckererbsenschoten salzen. Ingwerhähnchen mit Reis und Zuckererbsenschoten auf Tellern anrichten – guten Appetit!

Gut kombiniert

Serviere dazu 2 Portionen unserer selbstgemachten Blumenkohl-Curry-Sauce (S. 145).

Blumenkohlfrittata mit Räucherlachs

Zubereitungszeit 20 Min. Garzeit 40 Min.

3–9

355 kcal | 1484 kJ

Für 4 Personen
300 g Hokkaidokürbis
3 Frühlingszwiebeln
1/2 Blumenkohl (ca. 400 g)
40 g Parmesan
1/2 Bund Petersilie
6 Eier (Größe M)
100 g fettarme Milch
Salz, Pfeffer
1 Msp. geriebene Muskatnuss
150 g Räucherlachs
40 g saure Sahne

1 Kürbis waschen, halbieren, Kerne mit einem Löffel entfernen und Kürbis in kleine Würfel schneiden. Frühlingszwiebeln waschen und in Stücke schneiden. Blumenkohl waschen und in Röschen teilen. Backofen auf 200° C (Gas: Stufe 3, Umluft: 180° C) vorheizen.

2 Frühlingszwiebeln in den Mixtopf geben, 5 Sek./Stufe 6 zerkleinern und mit dem Spatel nach unten schieben. Blumenkohl dazugeben, 5 Sek./Stufe 4 zerkleinern und mit Kürbis in eine mit Backpapier ausgelegte runde Auflaufform (Ø 26 cm) füllen.

3 Parmesan in den Mixtopf geben und 8 Sek./Stufe 8 zerkleinern. Petersilie waschen, trocken schütteln, Blätter abzupfen und in den Mixtopf geben. Petersilie 3 Sek./Stufe 8 zerkleinern, mit dem Spatel nach unten schieben und erneut 3 Sek./Stufe 8 zerkleinern. Eier, Milch, Salz, Pfeffer und Muskatnuss in den Mixtopf geben und 10 Sek./Stufe 3 verrühren.

4 Eierguss über das Gemüse geben und Frittata im Backofen auf unterer Schiene 35–40 Minuten backen. Räucherlachs in Streifen schneiden, auf der Frittata verteilen, mit saurer Sahne garnieren und in Stücke schneiden.

Honig-Senf-Hähnchen mit buntem Salat

Zubereitungszeit 15 Min. Garzeit 20 Min. Marinierzeit 10 Min.

3–7

320 kcal | 1339 kJ

Für 2 Personen
15 g Pekannüsse
2 Zweige Thymian
1 Knoblauchzehe
150 g Magermilchjoghurt
1 EL Senf
1 EL Honig
Salz, Pfeffer
2 Hähnchenbrustfilets (à 150 g)
400 g Wasser
1 Friséesalat
100 g gelbe Cocktailtomaten
je 60 g Brombeeren und Himbeeren

1 Pekannüsse in den Mixtopf geben, 3 Sek./Stufe 5 zerkleinern und umfüllen. Thymian waschen, trocken schütteln, Blätter abzupfen, mit Knoblauch in den Mixtopf geben und 5 Sek./Stufe 4 zerkleinern. Joghurt, Senf, Honig, Salz und Pfeffer dazugeben und 15 Sek./Stufe 3 verrühren. Joghurtmischung umfüllen und Mixtopf ausspülen.

2 Hähnchenbrustfilets trocken tupfen und flacher klopfen. Hähnchenbrustfilets mit der Hälfte der Joghurtmischung in einen Gefrierbeutel geben, gut verkneten und im Kühlschrank ca. 10 Minuten marinieren. Varoma-Einlegeboden mit Backpapier auslegen und Hähnchen darauflegen. Wasser in den Mixtopf füllen, Varoma-Behälter aufsetzen, Varoma-Einlegeboden einsetzen, verschließen und 18 Min./Varoma/Stufe 1 garen.

3 Friséesalat waschen, trocken schleudern und in mundgerechte Stücke zerteilen. Tomaten waschen und halbieren. Beeren waschen und trocken tupfen. Salatzutaten mit restlichem Joghurtdressing vermischen. Honig-Senf-Hähnchen in Tranchen schneiden, auf dem Salat anrichten und mit Pekannüssen bestreuen.

Kokosgarnelen mit Blumenkohlreis

Zubereitungszeit 15 Min. Garzeit 20 Min.

10–12

346 kcal | 1499 kJ

Für 4 Personen
600 g Blumenkohlröschen
1 Stängel Zitronengras
1 Zwiebel
1 EL rote Currypaste
1 TL Kurkuma
400 g fettreduzierte Kokosmilch
200 g Wasser
125 g Zuckererbsenschoten
1 Zucchini
1 kleine Mango (ca. 200 g)
35 g Cashewnüsse
300 g küchenfertige Garnelen
Salz, Pfeffer
1 Limette

1 Blumenkohl waschen, in den Mixtopf geben, 8 Sek./Stufe 4 zerkleinern und in den Varoma-Behälter geben. Zitronengras waschen, die äußere Schicht abziehen und Zitronengras in Stücke schneiden. Zwiebel schälen und halbieren. Für die Currysauce Zitronengras und Zwiebel in den Mixtopf geben, 2 Sek./Stufe 8 zerkleinern, mit dem Spatel nach unten schieben und erneut 2 Sek./Stufe 8 zerkleinern.

2 Currypaste und Kurkuma dazugeben, 2 Sek./Stufe 6 vermischen, mit dem Spatel nach unten schieben und erneut 2 Sek./Stufe 6 vermischen. Currysauce 3 Min./100° C/Stufe 2 dünsten. Kokosmilch und Wasser dazugeben, Varoma aufsetzen, verschließen und 10 Min./Varoma/Stufe 1 kochen.

3 Zuckererbsenschoten mit Zucchini waschen und Zucchini in Scheiben schneiden. Varoma absetzen, Sauce umfüllen, Messerabdeckung in den Mixtopf setzen, Gemüse und Sauce zurück in den Mixtopf geben und 5 Min./100° C/Stufe 1 garen. Mango schälen, das Fruchtfleisch vom Stein schneiden und würfeln.

4 Cashewnüsse fettfrei in einer Pfanne auf mittlerer Stufe 2–3 Minuten rösten. Garnelen abspülen, trocken tupfen, mit Mango in den Mixtopf geben, 3 Min./100° C/Stufe 1 mitgaren und mit Salz und Pfeffer abschmecken. Limette in Spalten schneiden. Blumenkohlreis auf Schalen verteilen, Curry darauf anrichten, mit Cashewnüssen bestreuen und mit Limettenspalten servieren.

Jetzt Video zu Küchentipp entdecken:
Mango richtig schälen

Mediterranes Hühnerfrikassee

Zubereitungszeit 15 Min. Garzeit 35 Min.

1-7

350 kcal | 1466 kJ

Für 4 Personen
1 Zucchini
1 orange Paprika
400 g Hähnchenbrustfilet
180 g trockener Wildreis
Salz, Pfeffer
1 kg Wasser
1 Knoblauchzehe
1 TL Olivenöl
60 g entsteinte schwarze Oliven in Lake
400 g stückige Tomaten (Konserve)
2 TL getrocknete italienische Kräuter
6 Stängel Basilikum

1 Zucchini waschen, längs halbieren und in Scheiben schneiden. Paprika waschen, entkernen und in Stücke schneiden. Hähnchenbrustfilet trocken tupfen und würfeln.

2 Gareinsatz in den Mixtopf hängen, Reis und 1 TL Salz einwiegen und Wasser über den Reis in den Mixtopf geben. Zucchini und Paprika in den Varoma-Behälter geben. Hähnchen auf dem Varoma-Einlegeboden verteilen und auf den Behälter setzen. Varoma verschließen, auf den Mixtopf setzen und 30 Min./Varoma/Stufe 1 garen.

3 Varoma zur Seite stellen, Gareinsatz mithilfe des Spatels herausnehmen, Mixtopf leeren und Garflüssigkeit dabei auffangen. Knoblauch in den Mixtopf geben, 4 Sek./Stufe 5 zerkleinern und mit dem Spatel nach unten schieben. Öl und Oliven in den Mixtopf geben und 1 Min./100° C/Stufe 1 dünsten. 200 g Garflüssigkeit, Tomaten, italienische Kräuter, Salz und Pfeffer zugeben und 3 Min./100° C/Linkslauf/Stufe 2 aufkochen.

4 Gemüse und Hähnchen dazugeben und mithilfe des Spatels 30 Sek./100° C/Linkslauf/Stufe 1 unterheben. Basilikum waschen, trocken schütteln und Blätter abzupfen. Frikassee mit Reis anrichten und mit Basilikum bestreut servieren.

Lachs mit Erbsen und Süßkartoffelpüree

Zubereitungszeit 10 Min. Garzeit 20 Min.

4–18

581 kcal | 2429 kJ

Für 2 Personen
350 g Süßkartoffeln
150 g Wasser
Salz, Pfeffer
2 Lachsfilets (à 125 g)
200 g Erbsen (TK)
1 Stück Ingwer (ca. 2 cm)
1 EL Limettensaft
60 g fettreduzierte Kokosmilch
2 EL Teriyakisauce

1 Süßkartoffeln schälen, in Stücke schneiden, mit Wasser und 1/2 TL Salz in den Mixtopf geben und 5 Min./100° C/ Stufe 1 vorgaren. Lachsfilets abspülen, trocken tupfen, mit Salz und Pfeffer würzen und in den Varoma-Behälter setzen. Erbsen auf dem Varoma-Einlegeboden verteilen und auf den Behälter setzen. Varoma verschließen, auf den Mixtopf setzen und 12 Min./Varoma/Sanftrührstufe garen.

2 Ingwer schälen und reiben. Varoma absetzen. Ingwer, Limettensaft, Kokosmilch, Salz und Pfeffer zu den Süßkartoffeln geben, 5 Sek./Stufe 5 pürieren und auf Teller verteilen. Lachs mit Teriyakisauce in Fäden beträufeln und mit Erbsen und Püree servieren.

Selbstgemacht

Anstelle von fertiger Teriyakisauce probiere doch mal unsere selbstgemachte Sauce von S. 144. So kannst du einen Punkt pro Portion sparen.

Kalbsgeschnetzeltes mit Spargel und Pilzen

Zubereitungszeit 15 Min. Garzeit 15 Min.

5–10

440 kcal | 1840 kJ

Für 4 Personen

1 Schalotte
500 g braune Champignons
250 g grüner Spargel
1 Knoblauchzehe
Salz, Pfeffer
80 g trockener Weißwein
250 g Rinderfond
250 g trockene WW Yellow Lentil Spaghetti
400 g Kalbsschnitzel
1 TL Rapsöl
1 TL Paprikapulver
80 g Frischkäse, bis 5 % Fett absolut
2 TL getrocknete Kräuter der Provence
1 TL Speisestärke
1 EL Wasser
30 g gehobelter Parmesan

1 Schalotte schälen und halbieren. Champignons trocken abreiben und gegebenenfalls halbieren. Spargel waschen, das untere Drittel schälen und Spargel in Stücke schneiden. Schalotte mit Knoblauch in den Mixtopf geben und 5 Sek./Stufe 4 zerkleinern. Champignons dazugeben und 3 Sek./Stufe 4 zerkleinern.

2 Spargel dazugeben, mit Salz und Pfeffer würzen und 5 Min./100° C/Linkslauf/Stufe 1 dünsten. Mit Wein und Fond ablöschen und weitere 5 Min./100° C/Linkslauf/Stufe 1 garen. Nudeln nach Packungsanweisung in Salzwasser garen. Kalbsschnitzel trocken tupfen und in Streifen schneiden. Öl in einer Pfanne auf mittlerer bis hoher Stufe erhitzen, Kalbfleisch darin ca. 5 Minuten rundherum braten und mit Salz und Pfeffer würzen.

3 Sauce mit Paprikapulver würzen und mit Frischkäse und Kräutern der Provence verfeinern. Stärke mit Wasser anrühren, zur Sauce geben und 2 Min./100° C/Linkslauf/Stufe 1 kochen. Kalbfleisch samt Bratensatz dazugeben und 30 Sek./Linkslauf/Stufe 2 verrühren. Kalbsgeschnetzeltes mit Salz und Pfeffer abschmecken. Nudeln abgießen, mit Kalbsgeschnetzeltem anrichten und mit Parmesanhobeln bestreut servieren.

Feiner Pastagenuss

Die WW Spaghetti aus Linsen sind glutenfrei und voller Proteine. Erhältlich im WW Studio oder unter wwshop.de.

Fischcurry mit Naan-Brot

Zubereitungszeit 10 Min. Garzeit 20 Min.

12–14

425 kcal | 1777 kJ

Für 2 Personen
1 Pak Choi
1 Stange Lauch
1 rote Chilischote
6 Stängel Koriander
1 TL Sesamöl
1 TL rote Currypaste
150 g fettreduzierte Kokosmilch
200 g Gemüsebrühe
(1 TL Instantpulver)
Salz, Pfeffer
1 TL Curry
250 g Seelachsfilet
2 Naan-Brote (à 70 g)

1 Pak Choi waschen und in Stücke schneiden. Lauch waschen und in Ringe schneiden. Chilischote waschen, entkernen und halbieren. Koriander waschen, trocken schütteln, grob hacken, die Hälfte des Korianders mit Chili in den Mixtopf geben, 6 Sek./Stufe 5 zerkleinern und mit dem Spatel nach unten schieben.

2 Öl, Currypaste, Pak Choi und Lauch dazugeben, 7 Min./100° C/Linkslauf/Stufe 1 dünsten und mit dem Spatel nach unten schieben. Kokosmilch, Brühe, Salz, Pfeffer und Curry dazugeben und 8 Min./100° C/Linkslauf/Stufe 1 kochen.

3 Seelachsfilet abspülen, trocken tupfen, würfeln, in den Mixtopf geben und darin 5 Min./90° C/Linkslauf/Sanftrührstufe garen. Naan-Brote erwärmen. Fischcurry mit Salz und Pfeffer abschmecken, mit restlichem Koriander bestreuen und mit Brot servieren.

Gut kombiniert

Statt Naan-Brot kannst du zu dem Curry auch Reis servieren.

Quinoa-Hack-Auflauf

Zubereitungszeit 10 Min. Garzeit 35 Min. Kühlzeit 10 Min.

4–9

382 kcal | 1598 kJ

Für 4 Personen

1 rote Paprika
1 Zwiebel
2 Knoblauchzehen
1 TL Rapsöl
300 g Tatar
200 g trockene bunte Quinoa
400 g Geflügelfond
400 g stückige Tomaten (Konserve)
2 TL getrocknete italienische Kräuter
Salz, Pfeffer
200 g Mangold
1 Kugel fettreduzierter Mozzarella

1 Paprika waschen, entkernen und würfeln. Zwiebel schälen, halbieren, mit Knoblauch in den Mixtopf geben, 4 Sek./Stufe 5 zerkleinern und mit dem Spatel nach unten schieben. Öl, Tatar und Paprika dazugeben und 5 Min./120° C/Linkslauf/Sanftrührstufe dünsten.

2 Quinoa, Fond, Tomaten, Kräuter, Salz und Pfeffer hinzufügen und 18 Min./100° C/Linkslauf/Sanftrührstufe garen. Mangold waschen, trocken schleudern und weiße Stiele von den Blättern schneiden. Blätter in breite und Stiele in feine Streifen schneiden. Mangold in den Mixtopf geben und weitere 3 Min./100° C/Linkslauf/Stufe 1 garen.

3 Backofen auf 200° C (Gas: Stufe 3, Umluft: 180° C) vorheizen. Quinoamischung in eine Auflaufform füllen und Mixtopf ausspülen. Mozzarella trocken tupfen, halbieren, in den Mixtopf geben und 3 Sek./Stufe 5 zerkleinern. Auflauf mit Mozzarella bestreuen, im Backofen auf oberer Schiene 10–15 Minuten gratinieren und ca. 10 Minuten abkühlen lassen. Quinoa-Hack-Auflauf servieren.

Cool down

Damit dein Auflauf etwas kompakter bleibt, solltest du ihn nach dem Backen kurz abkühlen lassen. So kann die Flüssigkeit noch nachziehen.

PASTA, REIS & CO.

Hier spielen kohlenhydrathaltige Zutaten ihre leckerste Hauptrolle – ob als cremiges Risotto, Kartoffelgratin oder One-Pot-Pasta.

Zucchini-Ziegenkäse-Risotto mit Rucola

Zubereitungszeit 15 Min. Garzeit 30 Min.

11

338 kcal | 1416 kJ

Für 4 Personen

20 g Walnüsse
2 Schalotten
1 Knoblauchzehe
1 große Zucchini
2 TL Olivenöl
220 g trockener Risottoreis (z. B. Arborio)
120 g trockener Weißwein
600 g Gemüsebrühe (2 1/2 TL Instantpulver)
Salz, Pfeffer
125 g Rucola
100 g Ziegenfrischkäse, 45 % Fett i. Tr.

1 Walnüsse fettfrei in einer Pfanne auf mittlerer Stufe 2–3 Minuten rösten. Walnüsse in den Mixtopf geben, 2 Sek./Stufe 5 zerkleinern und umfüllen. Schalotten schälen, halbieren, mit Knoblauch in den Mixtopf geben, 5 Sek./Stufe 5 zerkleinern und mit dem Spatel nach unten schieben.

2 Zucchini waschen, längs halbieren und in Stücke schneiden. Zucchini in den Mixtopf geben, 4 Sek./Stufe 4 zerkleinern und mit dem Spatel nach unten schieben. Öl dazugeben und 3 Min./120° C/Linkslauf/Stufe 1 dünsten.

3 Reis zugeben und ohne Messbecher 3 Min./120° C/Linkslauf/Stufe 1 mitgaren. Wein, Brühe, Salz und Pfeffer dazugeben, anstelle des Messbechers Spritzschutz auf den Mixtopfdeckel legen und 20 Min./100° C/Linkslauf/Sanftrührstufe köcheln lassen.

4 Rucola waschen und trocken schleudern. Ziegenfrischkäse zum Risotto geben und 1 Min./100° C/Linkslauf/Stufe 2 unterrühren. 100 g Rucola portionsweise in den Mixtopf geben und mit dem Spatel unterrühren. Risotto mit Salz und Pfeffer abschmecken, ca. 2 Minuten quellen lassen und in tiefe Teller füllen. Risotto mit restlichem Rucola und Walnüssen bestreuen und sofort genießen.

Monikas Tipp

Risotto gelingt im Thermomix immer und schmeckt super. Das Zucchini-Ziegenkäse-Risotto garnieren wir gern noch mit etwas Balsamicocreme.

Monikas
Lieblingsrezept

Gnocchi mit Mangold

Zubereitungszeit 10 Min. Garzeit 15 Min.

11

344 kcal | 1439 kJ

Für 2 Personen

200 g roter Mangold
250 g Cocktailtomaten
Salz, Pfeffer
250 g Gnocchi (Frischprodukt)
500 g Wasser
1 EL Pinienkerne
60 g Schmand
1 Msp. geriebene Muskatnuss

1 Mangold waschen, trocken schleudern und rote Stiele von den Blättern schneiden. Blätter in breite und Stiele in feine Streifen schneiden. Tomaten waschen, mit Mangold im Varoma-Behälter verteilen und mit Salz und Pfeffer würzen. Gnocchi auf dem Varoma-Einlegeboden verteilen, auf den Behälter setzen und Varoma verschließen. Wasser in den Mixtopf geben, Varoma aufsetzen und 15 Min./Varoma/ Stufe 1 garen.

2 Pinienkerne fettfrei in einer Pfanne auf mittlerer Stufe 2–3 Minuten rösten. Varoma absetzen, ca. 60 g Wasser auffangen und Mixtopf ausspülen. Wasser, Schmand, Salz, Pfeffer und Muskatnuss in den Mixtopf geben und 1 Min./ 90° C/Stufe 2 verrühren. Gnocchi, Mangold und Tomaten dazugeben und mit dem Spatel unterheben. Gnocchi auf Tellern anrichten, Sauce daraufgeben und mit Pinienkernen bestreut servieren.

Make it green!

Auch mit grünem Mangold oder Blattspinat schmeckt‘s super, sollte dein Supermarkt mal keinen roten Mangold parat haben.

Auberginen mit Couscous und Minzjoghurt

Zubereitungszeit 20 Min. Garzeit 40 Min.

4–5

225 kcal | 941 kJ

Für 4 Personen
2 große Auberginen
Salz, Pfeffer
1 unbehandelte Limette
1 Zwiebel
1 Knoblauchzehe
1 TL Olivenöl
2 TL Tomatenmark
100 g trockener Couscous
150 g Gemüsebrühe
(1/2 TL Instantpulver)
400 g stückige Tomaten
(Konserve)
1 EL Rosinen
1 TL Ras el-Hanout
1 TL Zatar
250 g Magermilchjoghurt
2 EL gehackte Minze
40 g geriebener Käse,
30 % Fett i. Tr.

1 Backofen auf 180° C (Gas: Stufe 2, Umluft: 160° C) vorheizen. Auberginen waschen, längs halbieren und das Fruchtfleisch aushöhlen, dabei einen ca. 1 cm breiten Rand und Boden stehen lassen. Auberginen von innen salzen, in eine Auflaufform (ca. 20 x 30 cm) setzen und im Backofen auf mittlerer Schiene ca. 20 Minuten backen.

2 Limettenschale abreiben und Limette auspressen. Zwiebel schälen, halbieren, mit Knoblauch und Auberginenfruchtfleisch in den Mixtopf geben, 4 Sek./Stufe 5 zerkleinern und mit dem Spatel nach unten schieben. Öl und Tomatenmark dazugeben und 2 Min./120° C/Linkslauf/Stufe 1 dünsten. Couscous, Brühe, Tomaten, Rosinen, 1 EL Limettensaft, Ras el-Hanout, 1/2 TL Zatar, Salz und Pfeffer dazugeben und 6 Min./100° C/Linkslauf/Sanftrührstufe garen.

3 Für den Minzjoghurt Joghurt mit Limettenschale, restlichem Limettensaft, Minze, restlichem Zatar, Salz und Pfeffer verrühren. Couscousmischung in die Auberginen füllen, mit Käse bestreuen und im Backofen auf mittlerer Schiene 15–20 Minuten backen. Auberginen mit Minzjoghurt garnieren und genießen.

Parmaschinken-Rucola-Flammkuchen

Zubereitungszeit 15 Min. Garzeit 20 Min. Kühlzeit 20 Min.

11-12

396 kcal | 1656 kJ

Für 2 Personen

120 g Mehl
60 g Wasser
1 TL Olivenöl
Salz, Pfeffer
20 g Parmesan
40 g Rucola
50 g Crème légère
1/2 TL getrockneter Thymian
150 g Cocktailtomaten
2 Feigen
30 g Parmaschinken

1 115 g Mehl, Wasser, Öl und 1/2 TL Salz in den Mixtopf geben und 2 Min./Teigknetstufe kneten. Teig in Frischhaltefolie wickeln und ca. 20 Minuten kalt stellen. Parmesan in den Mixtopf geben, 6 Sek./Stufe 8 zerkleinern und umfüllen.

2 Rucola waschen, trocken schleudern, 25 g in den Mixtopf geben, 6 Sek./Stufe 5 zerkleinern und mit dem Spatel nach unten schieben. Crème légère, Thymian, Salz und Pfeffer dazugeben und 10 Sek./Stufe 3 verrühren. Backofen auf 220° C (Gas: Stufe 4, Umluft: 200° C) vorheizen.

3 Tomaten waschen und halbieren. Feigen waschen und vierteln. Teig auf Backpapier dünn oval ausrollen, dabei restliches Mehl zum Verarbeiten nutzen. Teig mit Rucolacreme bestreichen, mit Tomaten und Feigen belegen und mit 15 g Parmesan bestreuen. Flammkuchen samt Backpapier auf ein Backblech geben und im Backofen auf unterer Schiene 15–20 Minuten backen.

4 Schinken in mundgerechte Stücke zerteilen, auf den Flammkuchen geben und mit restlichem Rucola und Parmesan bestreuen. Flammkuchen in Stücke schneiden und genießen.

Monikas Tipp

Teige und auch Pestos lassen sich im Thermomix super einfach zubereiten. Das Topping für den Flammkuchen kann man natürlich immer wieder variieren – wir nehmen auch gerne mal Thunfisch.

One-Pot-Bolognese

Zubereitungszeit 15 Min. Garzeit 15 Min.

5-10

510 kcal | 2136 kJ

Für 2 Personen
1 rote Zwiebel
250 g Karotten
150 g Knollensellerie
30 g Parmesan
1 Knoblauchzehe
1 TL Olivenöl
1 TL Tomatenmark
200 g Tatar
4 Stängel Oregano
400 g stückige Tomaten (Konserve)
150 g Gemüsebrühe (1/2 TL Instantpulver)
120 g trockene Vollkorn-Fusilli
Salz, Pfeffer
1/2 TL Chilipulver

1 Zwiebel schälen und halbieren. Karotten und Sellerie schälen und in Stücke schneiden. Parmesan in den Mixtopf geben, 8 Sek./Stufe 8 zerkleinern und umfüllen.

2 Zwiebel, Karotten, Sellerie und Knoblauch in den Mixtopf geben, 5 Sek./Stufe 5 zerkleinern und mit dem Spatel nach unten schieben. Öl, Tomatenmark und Tatar dazugeben und 5 Min./120° C/Linkslauf/Stufe 1 andünsten.

3 Oregano waschen, trocken schütteln und Blätter abzupfen. Tomaten, Brühe, Nudeln, Salz, Pfeffer, Chilipulver und die Hälfte des Oregano in den Mixtopf geben, mit dem Spatel vermischen und 11 Min./100° C/Linkslauf/Stufe 1 kochen. One-Pot-Bolognese auf Teller verteilen, mit Parmesan und restlichem Oregano bestreuen und sofort servieren.

Bulgur mit Frühlingsgemüse und Feta

Zubereitungszeit 10 Min. Garzeit 10 Min.

10

365 kcal | 1527 kJ

Für 4 Personen
1/2 Bund Radieschen
3 Frühlingszwiebeln
je 1 rote und gelbe Paprika
200 g trockener Bulgur
350 g Gemüsebrühe
(1 1/2 TL Instantpulver)
2 EL Apfelessig
2 EL Olivenöl
2 EL Zitronensaft
1 EL Honig
1 TL Paprikapulver
1 TL Kreuzkümmel
Salz, Pfeffer
5 Stängel Minze
180 g Schafskäse, 25 % Fett i. Tr.

1 Radieschen waschen. Frühlingszwiebeln waschen und in Ringe schneiden. Paprika waschen, entkernen und in Stücke schneiden. Gemüse in den Mixtopf geben, 6 Sek./Stufe 4 zerkleinern und umfüllen. Bulgur und Brühe in den Mixtopf geben und 8 Min./100° C/Linkslauf/Sanftrührstufe garen.

2 Essig, Öl, Zitronensaft, Honig, Paprikapulver, Kreuzkümmel, Salz und Pfeffer zum Bulgur geben und 1 Min./Linkslauf/Stufe 3 verrühren. Bulgur unter das Gemüse heben. Minze waschen, trocken schütteln und Blätter abzupfen. Schafskäse über den Bulgur bröseln und mit Minze garnieren. Guten Appetit!

Gefüllte Knödel mit Pilzsauce

Zubereitungszeit 20 Min. Garzeit 25 Min.

10-12

393 kcal | 1645 kJ

Für 2 Personen
2 Zweige Rosmarin
6 getrocknete Tomaten ohne Öl
1 EL Schmand
Salz, Pfeffer
2 Brötchen
1 Zwiebel
1 TL Olivenöl
100 g fettarme Milch
1 Ei (Größe M)
1 Msp. geriebene Muskatnuss
1/2 TL Paprikapulver
450 g Wasser
400 g gemischte Pilze
20 g Rucola
1 Knoblauchzehe
1 Tüte WW Champignonsauce
2 TL Balsamicocreme

1 Rosmarin waschen, trocken schütteln und Nadeln abziehen. Für die Füllung Rosmarin in den Mixtopf geben, 5 Sek./Stufe 8 zerkleinern und 1 TL herausnehmen. Tomaten in den Mixtopf geben, 6 Sek./Stufe 7 zerkleinern, umfüllen und mit Schmand und Pfeffer verrühren. Für die Knödel Brötchen vierteln, in den Mixtopf geben, mithilfe des Spatels 12 Sek./Stufe 6 zerkleinern und umfüllen.

2 Zwiebel schälen, halbieren, in den Mixtopf geben, 4 Sek./Stufe 5 zerkleinern und mit dem Spatel nach unten schieben. Öl zugeben und 3 Min./120° C/Stufe 1 andünsten. Milch dazugeben und 1 Min./60° C/Stufe 1 erwärmen. Brötchen, Ei, Salz, Pfeffer, Muskatnuss und Paprikapulver zufügen, mithilfe des Spatels 20 Sek./Linkslauf/Stufe 3 vermischen, umfüllen und durchrühren. Mixtopf ausspülen.

3 Varoma-Behälter mit Backpapier auslegen. Mit feuchten Händen aus der Masse 6 Knödel formen, je etwas Füllung in die Mitte drücken und Knödel verschließen. Knödel in den Varoma-Behälter geben und verschließen. 250 g Wasser in den Mixtopf geben, Varoma aufsetzen und 15 Min./Varoma/Stufe 1 garen. Pilze trocken abreiben und gegebenenfalls halbieren. Rucola waschen und trocken schleudern. Varoma absetzen und Mixtopf ausspülen.

4 Für die Pilzsauce Knoblauch in den Mixtopf geben, 4 Sek./Stufe 6 zerkleinern. Pilze zugeben, 2 Sek./Stufe 4 zerkleinern und 3 Min./120° C/Linkslauf/Stufe 1 andünsten. Restliches Wasser mit WW Champignonsauce anrühren, mit restlichem Rosmarin in den Mixtopf geben, Varoma aufsetzen und 5 Min./Varoma/Linkslauf/Stufe 1 garen. Sauce auf Teller verteilen, Knödel und Rucola daraufgeben und mit Balsamicocreme garnieren.

Paprika mit Reis-Bohnen-Füllung

Zubereitungszeit 15 Min. Garzeit 45 Min.

1-5

264 kcal | 1103 kJ

Für 4 Personen

1 kg Wasser
Salz, Pfeffer
100 g trockener Naturreis
30 g Parmesan
1 Zwiebel
1 Dose Kidneybohnen (255 g Abtropfgewicht)
400 g stückige Tomaten (Konserve)
1 EL getrocknete italienische Kräuter
4 gelbe Paprika
2 EL gehackte Petersilie

1 Wasser und 1 TL Salz in den Mixtopf geben, Gareinsatz einhängen, Reis einwiegen und 20 Min./100° C/Stufe 1 vorgaren. Gareinsatz mithilfe des Spatels herausnehmen und beiseitestellen. Mixtopf leeren und Garflüssigkeit auffangen. Parmesan in den Mixtopf geben, 6 Sek./Stufe 8 zerkleinern und umfüllen.

2 Zwiebel schälen, halbieren, in den Mixtopf geben, 4 Sek./Stufe 5 zerkleinern und mit dem Spatel nach unten schieben. Kidneybohnen abspülen, abtropfen lassen, mit 200 g Tomaten, italienischen Kräutern, Salz, Pfeffer, Reis und Parmesan in den Mixtopf geben und 10 Sek./Linkslauf/Stufe 3 verrühren. Paprika waschen, Deckel abschneiden und Paprika entkernen. Mischung in die Paprika füllen und Paprikadeckel aufsetzen.

3 500 g Garflüssigkeit in den Mixtopf geben, Varoma-Behälter aufsetzen, Paprika in den Varoma-Behälter stellen, verschließen und 20 Min./Varoma/Stufe 1 garen. Varoma absetzen und Mixtopf leeren. Für die Tomatensauce restliche Tomaten in den Mixtopf geben und 3 Min./100° C/Stufe 2 aufkochen. Sauce mit Salz und Pfeffer würzen und mit 1 EL Petersilie verfeinern. Sauce auf Teller verteilen, Paprika daraufsetzen und mit restlicher Petersilie bestreuen. Gefüllte Paprika servieren.

Schon probiert?

Du kannst auch die Tomatensauce (S. 143) für dieses Rezept verwenden.

Kürbis-Kartoffel-Stampf mit Zwiebeln und Ei

Zubereitungszeit 15 Min. Garzeit 25 Min.

4–10

409 kcal | 1710 kJ

Für 2 Personen
1 Frühlingszwiebel
1 TL Honig
2 TL Senf
3 TL Olivenöl
4 EL dunkler Balsamicoessig
Salz, Pfeffer
400 g Hokkaidokürbis
300 g festkochende Kartoffeln
2 Zwiebeln
1 TL getrockneter Thymian
250 g Gemüsebrühe
(1 TL Instantpulver)
2 Eier (Größe M)
2 kleine Römersalatherzen
1 TL Zitronensaft

1 Für das Dressing Frühlingszwiebel waschen, in Stücke schneiden, in den Mixtopf geben, 8 Sek./Stufe 5 zerkleinern und mit dem Spatel nach unten schieben. Honig mit Senf, 2 TL Öl, 2 EL Essig, Salz und Pfeffer dazugeben und 30 Sek./Stufe 3 verrühren. Dressing umfüllen und Mixtopf ausspülen.

2 Für den Stampf Kürbis schälen, vierteln, Kerne mit einem Löffel entfernen und Kürbis in Stücke schneiden. Kartoffeln schälen und in kleine Würfel schneiden. 1 Zwiebel schälen und halbieren. Zwiebel in den Mixtopf geben, 4 Sek./Stufe 5 zerkleinern und mit dem Spatel nach unten schieben. Kürbis dazugeben und 4 Sek./Stufe 5 zerkleinern. Kartoffeln, Salz, Pfeffer, Thymian und Brühe dazugeben und 20 Min./Varoma/Linkslauf/Sanftrührstufe garen.

3 Restliche Zwiebel schälen und in Streifen schneiden. Restliches Öl in einer Pfanne auf mittlerer Stufe erhitzen und Zwiebeln darin ca. 3 Minuten braten. Mit restlichem Essig ablöschen, mit Salz und Pfeffer würzen und weitere ca. 5 Minuten garen. Zwiebeln herausnehmen, warm stellen und Eier als Spiegeleier im Bratensatz ca. 3 Minuten braten. Salat waschen, trocken schleudern, in mundgerechte Stücke zerteilen und mit Dressing mischen. Kürbis-Kartoffel-Stampf mit Zitronensaft verfeinern, mit Salz und Pfeffer abschmecken und mit Ei und Zwiebeln toppen. Mit Salat servieren.

Saisonal kochen

Wenn keine Kürbiszeit ist, kannst du auch TK-Kürbiswürfel nehmen und sie zusammen mit den Kartoffeln garen.

Trüffelpasta mit Rosenkohl und Bacon

Zubereitungszeit 15 Min. Garzeit 15 Min.

14

500 kcal | 2090 kJ

Für 2 Personen
25 g Pecorino
(ersatzweise Parmesan)
2 Schalotten
1 Knoblauchzehe
1 TL Olivenöl
400 g Rosenkohl (TK)
350 g Gemüsebrühe
(1 1/2 TL Instantpulver)
75 g trockener Weißwein
120 g trockene Tagliatelle
Salz, Pfeffer
40 g Bacon
2 TL Trüffelöl

1 Pecorino in den Mixtopf geben, 6 Sek./Stufe 8 zerkleinern und umfüllen. Schalotten schälen, halbieren, mit Knoblauch in den Mixtopf geben, 4 Sek./Stufe 5 zerkleinern und mit dem Spatel nach unten schieben. Olivenöl dazugeben und 2 Min./120° C/Stufe 1 andünsten.

2 Rosenkohl, Brühe und Wein in den Mixtopf geben und 4 Min./120° C/Linkslauf/Stufe 1 garen. Nudeln, 1 TL Salz und die Hälfte des Pecorinos dazugeben, anstelle des Messbechers Spritzschutz auf den Mixtopfdeckel legen und 10 Min./Varoma/Linkslauf/Sanftrührstufe garen.

3 Eine Pfanne auf hoher Stufe erhitzen und Bacon darin ca. 3 Minuten von jeder Seite braten. Bacon herausnehmen, abtropfen lassen und in Stücke schneiden. Pasta mit Salz und Pfeffer abschmecken, auf Tellern anrichten und mit Trüffelöl beträufeln. Mit Bacon und restlichem Pecorino bestreuen und Trüffelpasta servieren.

Würzige Kartoffel-Wirsing-Puffer

Zubereitungszeit 20 Min. Garzeit 20 Min.

3-8

325 kcal | 1359 kJ

Für 4 Personen

1/2 Wirsing (ca. 500 g)
Salz, Pfeffer
1 Zwiebel
650 g festkochende Kartoffeln
1 Msp. geriebene Muskatnuss
1 Msp. Cayennepfeffer
1 EL Senf
1 EL Speisestärke
40 g kernige Haferflocken
1 Ei (Größe M)
2 EL Rapsöl
150 g Kräuterquark, 10 % Fett absolut (Fertigprodukt)

1 Wirsing putzen, vierteln, den Strunk entfernen, Wirsing in den Mixtopf geben und mithilfe des Spatels 15 Sek./Stufe 4 zerkleinern. Wirsing in Salzwasser 4–5 Minuten blanchieren, abgießen, abschrecken, abtropfen lassen und trocken tupfen.

2 Zwiebel schälen und halbieren. Kartoffeln schälen, in Stücke schneiden, mit Zwiebeln, Salz, Pfeffer, Muskatnuss, Cayennepfeffer, Senf, Stärke, Haferflocken und Ei in den Mixtopf geben und mithilfe des Spatels 12 Sek./Stufe 5 zerkleinern. Kartoffelmasse zum Wirsing geben und unterheben.

3 Öl portionsweise in einer großen Pfanne auf mittlerer bis hoher Stufe erhitzen und aus der Masse darin nacheinander 12 Puffer backen, dabei etwas flach drücken und 4–5 Minuten von jeder Seite braten. Kartoffel-Wirsing-Puffer mit Kräuterquark servieren.

Schupfnudelpfanne mit Paprika-Tomaten-Sauce

Zubereitungszeit 15 Min. Garzeit 15 Min.

8

375 kcal | 1494 kJ

Für 4 Personen

2 rote Paprika
1 Knoblauchzehe
500 g passierte Tomaten (Konserve)
2 TL Ajvar
Salz, Pfeffer
1/2 TL Cayennepfeffer
1 TL Paprikapulver
1 gelbe Paprika
2 TL Olivenöl
500 g Schupfnudeln (Frischprodukt)
150 g magere Schinkenwürfel
3 Stängel Petersilie
4 EL Röstzwiebeln

1 Für die Paprika-Tomaten-Sauce rote Paprika waschen, entkernen, in Stücke schneiden, mit Knoblauch in den Mixtopf geben, 3 Sek./Stufe 5 zerkleinern und mit dem Spatel nach unten schieben. Paprika 3 Min./120° C/Stufe 1 dünsten. Tomaten, Ajvar, Salz, Pfeffer, Cayennepfeffer und Paprikapulver dazugeben und 8 Min./100° C/Stufe 1 kochen.

2 Gelbe Paprika waschen, entkernen und in Streifen schneiden. Öl in einer großen Pfanne auf mittlerer Stufe erhitzen und Schupfnudeln mit Paprika und Schinkenwürfeln darin ca. 10 Minuten braten.

3 Petersilie waschen, trocken schütteln und hacken. Sauce 10 Sek./Stufe 7 pürieren, mit Salz und Pfeffer abschmecken und mit Petersilie verfeinern. Schupfnudelpfanne auf Teller verteilen, Sauce darübergeben und mit Röstzwiebeln bestreuen.

Bulgur-Kürbis-Topf mit Fenchel und Halloumi

Zubereitungszeit 15 Min. Garzeit 20 Min.

13

517 kcal | 2165 kJ

Für 2 Personen

400 g Butternutkürbis
2 Knoblauchzehen
1/2 TL Kümmel
1 TL Rapsöl
1/2 TL Paprikapulver
1 Msp. Chilipulver
Salz, Pfeffer
200 g stückige Tomaten (Konserve)
150 g Gemüsebrühe (1/2 TL Instantpulver)
100 g trockener Bulgur
1 Fenchelknolle
120 g Halloumi, 45 % Fett i. Tr.

1 Kürbis waschen, vierteln, Kerne mit einem Löffel entfernen und Kürbis in Stücke schneiden. Knoblauch in den Mixtopf geben, 4 Sek./Stufe 5 zerkleinern und mit dem Spatel nach unten schieben. Kürbis dazugeben und 4 Sek./Stufe 5 zerkleinern. Kümmel und Öl dazugeben und 2 Min./120° C/Linkslauf/Stufe 1 dünsten.

2 Mit Paprika-, Chilipulver, Salz und Pfeffer würzen, Tomaten, Brühe und Bulgur dazugeben und 10 Min./100° C/Linkslauf/Sanftrührstufe garen. Fenchel waschen, halbieren, den Strunk entfernen und Fenchel in Streifen schneiden. Fenchelgrün hacken. Halloumi würfeln.

3 Fenchel zum Bulgur-Kürbis-Topf geben und 5 Min./90° C/Linkslauf/Stufe 1 garen. Eine Pfanne auf mittlerer bis hoher Stufe erhitzen und Halloumi darin fettfrei ca. 5 Minuten rundherum braten. Bulgur-Gemüse-Topf auf Teller verteilen, Halloumi daraufgeben und mit Fenchelgrün bestreuen.

Jetzt Video zu Küchentipp entdecken:
Fenchel putzen und zubereiten

Farfalle mit Spinat-Frischkäse-Sauce

Zubereitungszeit 5 Min. Garzeit 10 Min.

11

404 kcal | 1689 kJ

Für 2 Personen
400 g Blattspinat (TK)
2 Knoblauchzehen
1 TL Olivenöl
140 g trockene Farfalle
Salz, Pfeffer
100 g Gemüsebrühe
(1/2 TL Instantpulver)
1 Msp. gemahlener Koriander
1 Msp. Curry
2 TL Mandelblättchen
130 g Frischkäse,
bis 5 % Fett absolut

1 Spinat auftauen lassen und überschüssige Flüssigkeit ausdrücken. Knoblauch in den Mixtopf geben, 4 Sek./Stufe 5 zerkleinern und mit dem Spatel nach unten schieben. Öl und Spinat dazugeben und 3 Min./120° C/Stufe 1 andünsten.

2 Nudeln nach Packungsanweisung in Salzwasser garen. Brühe, Salz, Pfeffer, Koriander und Curry in den Mixtopf geben und 7 Min./90° C/Stufe 1 garen. Mandelblättchen fettfrei in einer Pfanne auf mittlerer Stufe 2–3 Minuten rösten.

3 Frischkäse zur Sauce geben, 1 Min./Stufe 3 verrühren, 10 Sek./Stufe 6 pürieren und mit Salz und Pfeffer abschmecken. Nudeln abgießen, auf Teller verteilen, Sauce darübergeben und mit Mandeln bestreuen. Guten Appetit!

Gut kombiniert

Wer mag, kann die Pasta mit gegartem Lachs oder Spiegelei servieren.

Pilzburger mit Kräutersauce und Wedges

Zubereitungszeit 25 Min. Garzeit 30 Min.

6–15

589 kcal | 2464 kJ

Für 4 Personen

800 g festkochende Kartoffeln
1/2 TL Kreuzkümmelsamen
1 Msp. Chiliflocken
1/2 TL geräuchertes Paprikapulver
Meersalz, grober Pfeffer
2 EL gehackte Petersilie
2 EL Schnittlauchringe
150 g Magermilchjoghurt
2 TL körniger Senf
2 EL Leinsamen
2 Zwiebeln
250 g braune Champignons
1 Dose schwarze Bohnen
(240 g Abtropfgewicht)
4 Blätter Kopfsalat
1 Tomate
4 TL Rapsöl
60 g zarte Haferflocken
4 Eier (Größe M)
4 kleine Hamburger-Brötchen

1 Backofen auf 200° C (Gas: Stufe 3, Umluft: 180° C) vorheizen. Kartoffeln waschen, in Spalten schneiden und auf einem mit Backpapier ausgelegten Backblech verteilen. Kreuzkümmelsamen, Chiliflocken, Paprikapulver, 1 TL Salz und Pfeffer in den Mixtopf geben, 6 Sek./Stufe 10 schroten und mit Kartoffeln vermischen. Wedges im Backofen auf mittlerer Schiene ca. 30 Minuten backen. Mixtopf ausspülen.

2 Für die Sauce Petersilie, Schnittlauch, Joghurt, 1 TL Senf, Salz und Pfeffer verrühren. Sauce kalt stellen. Leinsamen in den Mixtopf geben, 5 Sek./Stufe 8 schroten und umfüllen. Zwiebeln schälen, 1 Zwiebel halbieren und restliche Zwiebel in Ringe schneiden. Champignons trocken abreiben und gegebenenfalls halbieren. Bohnen abspülen und abtropfen lassen. Salat waschen und trocken schütteln. Tomate waschen und in Scheiben schneiden.

3 Zwiebelhälften in den Mixtopf geben und 4 Sek./Stufe 5 zerkleinern. Champignons dazugeben und 3 Sek./Stufe 4 zerkleinern. 1 TL Öl dazugeben und 5 Min./120° C/Linkslauf/Stufe 1 dünsten. Bohnen, Haferflocken, Leinsamen, restlichen Senf, Salz und Pfeffer in den Mixtopf geben und 10 Sek./Stufe 6–8 ansteigend pürieren.

4 Restliches Öl in einer Pfanne auf mittlerer bis hoher Stufe erhitzen. Aus der Masse mithilfe eines Esslöffels 8 Kleckse in die Pfanne geben, rund formen und flach drücken. Patties 5–7 Minuten von jeder Seite braten und herausnehmen. Eier im Bratensatz als Spiegeleier ca. 2 Minuten braten. Hamburger-Brötchen aufschneiden, nach Wunsch rösten, mit etwas Kräutersauce bestreichen, untere Hälften mit Salat, je 2 Patties, Tomaten, Zwiebelringen und Spiegelei belegen und mit oberen Hälften abdecken. Pilzburger mit Wedges und restlicher Kräutersauce servieren.

Reis à la Puttanesca

Zubereitungszeit 10 Min. Garzeit 15 Min.

9

376 kcal | 1575 kJ

Für 2 Personen
1 grüne Paprika
2 Knoblauchzehen
3 getrocknete Tomaten ohne Öl
1 EL Kapern
1 TL Olivenöl
130 g trockener Langkornreis
Salz, Pfeffer
40 g entsteinte schwarze Oliven in Lake
400 g stückige Tomaten (Konserve)
1/2 TL Chilipulver
2 Stängel Basilikum

1 Paprika waschen, entkernen und würfeln. Knoblauch mit getrockneten Tomaten in den Mixtopf geben, 6 Sek./Stufe 7 zerkleinern und mit dem Spatel nach unten schieben. Paprika, Kapern und Öl dazugeben und 3 Min./120° C/Linkslauf/Stufe 1 dünsten.

2 Reis nach Packungsanweisung in Salzwasser garen. Oliven in Ringe schneiden, mit stückigen Tomaten, Chilipulver, Salz und Pfeffer in den Mixtopf geben und 10 Min./Varoma/Linkslauf/Stufe 1 einkochen.

3 Basilikum waschen, trocken schütteln und Blätter abzupfen. Reis auf Teller verteilen, Sauce daraufgeben und mit Basilikum bestreuen. Reis à la Puttanesca servieren.

Kartoffel-Gemüse-Gratin mit Bratwurst

Zubereitungszeit 25 Min. Garzeit 45 Min.

10-12

386 kcal | 1615 kJ

Für 4 Personen
400 g festkochende Kartoffeln
500 g Kohlrabi
400 g Karotten
260 g Wasser
1 TL Rapsöl
2 Bratwürste (à 100 g)
1 Kugel fettreduzierter Mozzarella
1 Knoblauchzehe
180 g fettarme Milch
100 g saure Sahne
Salz, Pfeffer
1 Msp. geriebene Muskatnuss
1 TL getrockneter Majoran
1 TL Speisestärke

1 Kartoffeln schälen und in dünne Scheiben hobeln. Kohlrabi mit Karotten schälen und in Scheiben schneiden. Kartoffeln mit Karotten im Varoma-Behälter verteilen. Kohlrabi auf den Varoma-Einlegeboden geben, auf den Behälter setzen und Varoma verschließen. 250 g Wasser in den Mixtopf geben, Varoma aufsetzen und 15 Min./Varoma/Stufe 1 garen.

2 Öl in einer Pfanne auf mittlerer Stufe erhitzen, Bratwürste darin 5–7 Minuten rundherum braten und in Scheiben schneiden. Varoma absetzen, Kartoffel-Gemüse-Mischung mit Bratwurst in einer Auflaufform (ca. 20 x 30 cm) verteilen und Mixtopf ausspülen. Mozzarella trocken tupfen, halbieren, in den Mixtopf geben und 4 Sek./Stufe 5 zerkleinern. Mozzarella umfüllen und Mixtopf ausspülen. Backofen auf 200° C (Gas: Stufe 3, Umluft: 180° C) vorheizen.

3 Knoblauch in den Mixtopf geben, 4 Sek./Stufe 6 zerkleinern, mit dem Spatel nach unten schieben und 1 Min./120° C/Stufe 1 andünsten. Milch, saure Sahne, Salz, Pfeffer, Muskatnuss und Majoran zufügen und 3 Min./90° C/Stufe 1 kochen. Stärke mit restlichem Wasser anrühren, dazugeben und 3 Min./100° C/Stufe 1 kochen. Sauce über das Gemüse geben, mit Mozzarella bestreuen und im Backofen auf unterer Schiene ca. 25 Minuten backen. Kartoffel-Gemüse-Gratin servieren.

Grünkern-Frikadellen mit Rote-Bete-Apfelsalat

Zubereitungszeit 20 Min. Garzeit 30 Min. Kühlzeit 10 Min.

3–11

498 kcal | 2085 kJ

Für 2 Personen
80 g trockener Grünkern
1 Zwiebel
1 Knoblauchzehe
4 TL Rapsöl
220 g Gemüsebrühe (1 TL Instantpulver)
30 g zarte Haferflocken
1 Ei (Größe M)
1 TL Senf
1 EL Schnittlauch (TK)
Salz, Pfeffer
1 süßlicher Apfel (z. B. Gala)
1 EL Zitronensaft
3 Stängel Petersilie
500 g Rote Bete (vakuumverpackt)
2 EL Apfelessig
2 EL Magermilchjoghurt

1 Grünkern in den Mixtopf geben, 10 Sek./Stufe 10 schroten und umfüllen. Zwiebel schälen, halbieren, mit Knoblauch in den Mixtopf geben und 4 Sek./Stufe 5 zerkleinern. 1 TL Öl dazugeben und 2 Min./120° C/Stufe 1 dünsten. Grünkern und Brühe dazugeben, 5 Min./100° C/Stufe 2 aufkochen und 12 Min./90° C/Stufe 1 garen.

2 Haferflocken, Ei, Senf, Schnittlauch, Salz und Pfeffer dazugeben, 10 Sek./Stufe 4 verrühren, umfüllen und ca. 10 Minuten abkühlen lassen. Mixtopf ausspülen.

3 Für den Salat Apfel waschen, vierteln, entkernen, in den Mixtopf geben und 4 Sek./Stufe 4 zerkleinern. Apfel umfüllen und mit Zitronensaft beträufeln. Petersilie waschen, trocken schütteln und Blätter abzupfen. Rote Bete abtropfen lassen, mit Petersilie und Essig in den Mixtopf geben, 3 Sek./Stufe 4 zerkleinern, mit Apfel mischen und mit Salz und Pfeffer abschmecken.

4 Restliches Öl in einer großen Pfanne auf mittlerer bis hoher Stufe erhitzen. Aus der Grünkernmasse mithilfe eines Esslöffels 6 Kleckse in die Pfanne geben und etwas formen. Grünkern-Frikadellen 4–5 Minuten von jeder Seite braten und mit Salat und Joghurt servieren.

Kohlrouladen mit Spinat-Ricotta-Füllung

Zubereitungszeit 25 Min. Garzeit 35 Min.

5–9

352 kcal | 1471 kJ

Für 4 Personen
8 Blätter Wirsing
Salz, Pfeffer
40 g Parmesan
4 Frühlingszwiebeln
100 g Baby-Blattspinat
150 g Ricotta
250 g Magerquark
1 Ei (Größe M)
1 Msp. geriebene Muskatnuss
800 g festkochende Kartoffeln
800 g Wasser
400 g passierte Tomaten (Konserve)
2 EL gehacktes Basilikum

1 Wirsingblätter waschen, den Strunk flacher schneiden, Wirsing in kochendem Salzwasser ca. 5 Minuten blanchieren, abschrecken und abtropfen lassen. 15 g Parmesan hobeln. Restlichen Parmesan in den Mixtopf geben, 6 Sek./Stufe 8 zerkleinern und umfüllen.

2 Frühlingszwiebeln waschen und in Ringe schneiden. Spinat waschen, trocken schleudern, in den Mixtopf geben, 6 Sek./Stufe 5 zerkleinern und mit dem Spatel nach unten schieben. Ricotta, Quark, Frühlingszwiebeln, Ei, geriebenen Parmesan, Muskatnuss, Salz und Pfeffer dazugeben und 15 Sek./Stufe 3 verrühren.

3 Füllung mittig auf die Kohlblätter geben und aufrollen, dabei die Ränder einschlagen. Kohlrouladen in den Varoma-Behälter legen. Kartoffeln schälen und vierteln. Wasser und 1 TL Salz in den Mixtopf geben, Gareinsatz einhängen, Kartoffeln dazugeben, Varoma aufsetzen und 30 Min./Varoma/Stufe 1 garen. Varoma absetzen und Gareinsatz mithilfe des Spatels herausnehmen.

4 Für die Sauce Mixtopf ausspülen, dabei 100 g Garflüssigkeit auffangen, mit Tomaten in den Mixtopf geben und 4 Min./100° C/Stufe 1 garen. Sauce mit Salz und Pfeffer würzen. Kartoffeln und Kohlrouladen auf Teller verteilen, Sauce darübergeben und mit Basilikum und Parmesanhobeln bestreuen. Guten Appetit!

Lust auf Bratkartoffeln?

Nimm die Kartoffeln nach 15 Minuten aus dem Varoma und brate sie 8–10 Minuten in 1 EL erhitztem Rapsöl an. Die PersonalPoints™ Range erhöht sich auf 6–10.

LITTLE THINGS

Bunte Wraps mit Kichererbsen und Tatar

Zubereitungszeit 15 Min. Garzeit 10 Min.

5–7

268 kcal | 1121 kJ

Für 6 Stück
1/2 Rotkohl (ca. 400 g)
2 EL Apfelessig
Salz, Pfeffer
1 rote Chilischote
1 TL Rapsöl
250 g Tatar
100 g Wildkräutersalat (Kühltheke)
1 Dose Kichererbsen (265 g Abtropfgewicht)
6 kleine Tortillawraps
150 g Magermilchjoghurt
2 TL Ajvar

1 Rotkohl putzen, vierteln, den Strunk entfernen und Kohl in Stücke schneiden. Kohl, Essig und 1 TL Salz in den Mixtopf geben und 6 Sek./Stufe 4 zerkleinern. Rotkohl umfüllen und abtropfen lassen.

2 Chilischote waschen, entkernen und halbieren. Chili in den Mixtopf geben, 3 Sek./Stufe 6 zerkleinern und mit dem Spatel nach unten schieben. Öl, Tatar, Salz und Pfeffer dazugeben und 8 Min./120° C/Linkslauf/Stufe 2 dünsten.

3 Salat waschen und trocken schleudern. Kichererbsen abspülen, abtropfen lassen, in den Mixtopf geben und 2 Min./100° C/Linkslauf/Stufe 1 mitgaren. Wraps nach Wunsch erwärmen, mit Joghurt und Ajvar bestreichen, mit Rotkohl, Salat und Tatarmischung belegen und aufrollen, dabei die Enden zusammenklappen. Wraps schräg halbieren und genießen.

Jetzt Video zu Küchentipp entdecken:
Wraps richtig rollen oder falten

Broccoli-Frischkäse-Cannelloni

Zubereitungszeit 20 Min. Garzeit 50 Min.

9

340 kcal | 1423 kJ

Für 4 Personen
1 Broccoli
1 große Stange Lauch
100 g gekochter Schinken
1 Zwiebel
1 TL Olivenöl
250 g fettarme Milch
130 g Frischkäse, bis 5 % Fett absolut
Salz, Pfeffer
1 Msp. geriebene Muskatnuss
1/2 TL Paprikapulver
16 trockene Cannelloni
80 g geriebener Käse, 30 % Fett i. Tr.

1 Broccoli waschen, in Röschen teilen, Strunk schälen und in Stücke schneiden. Lauch waschen und in Stücke schneiden. Schinken in Stücke schneiden. Die Hälfte des Broccoli mit Lauch und Schinken in den Mixtopf geben, 6 Sek./Stufe 4 zerkleinern und umfüllen.

2 Zwiebel schälen, halbieren, mit restlichem Broccoli in den Mixtopf geben, 10 Sek./Stufe 4 zerkleinern und mit dem Spatel nach unten schieben. Öl dazugeben und 3 Min./120° C/Stufe 1 andünsten. Milch und 80 g Frischkäse in den Mixtopf geben, mit Salz, Pfeffer, Muskatnuss und Paprikapulver würzen und 8 Min./100° C/Stufe 1 kochen. Sauce 20 Sek./Stufe 5–8 schrittweise ansteigend pürieren, Gemüse-Schinken-Mischung dazugeben und 8 Min./100° C/Linkslauf/Stufe 1 kochen.

3 Backofen auf 200° C (Gas: Stufe 3, Umluft: 180° C) vorheizen. Etwas Gemüsesauce in eine Auflaufform (ca. 20 x 30 cm) geben. Cannelloni mit Sauce füllen und nebeneinander in die Auflaufform legen. Restlichen Frischkäse zur restlichen Sauce in den Mixtopf geben, 10 Sek./Stufe 5 verrühren, über die Cannelloni geben und mit Käse bestreuen. Cannelloni im Backofen auf mittlerer Schiene 25–30 Minuten backen und servieren.

One-Pot-Gewürzreis mit Aprikosen

Zubereitungszeit 10 Min. Garzeit 20 Min.

7–9

350 kcal | 1466 kJ

Für 4 Personen

50 g getrocknete Aprikosen
3 Kardamomkapseln
3 Nelken
1/2 TL Kümmel
1/2 TL Kreuzkümmelsamen
1/2 TL Senfkörner
2 Schalotten
2 orange Paprika
2 TL Olivenöl
1 TL Harissapaste
200 g trockener Basmatireis
400 g Gemüsebrühe
(2 TL Instantpulver)
Salz, Pfeffer
1 Dose Kichererbsen
(265 g Abtropfgewicht)

1 Aprikosen in den Mixtopf geben, 5 Sek./Stufe 7 zerkleinern und umfüllen. Kardamom, Nelken, Kümmel, Kreuzkümmelsamen und Senfkörner in den Mixtopf geben, 6 Sek./Stufe 8 schroten und zu den Aprikosen geben.

2 Schalotten schälen, halbieren, in den Mixtopf geben, 4 Sek./Stufe 5 zerkleinern und mit dem Spatel nach unten schieben. Paprika waschen, entkernen und in Stücke schneiden. Paprika in den Mixtopf geben und 3 Sek./Stufe 4 zerkleinern.

3 Öl, Harissapaste, Reis, Brühe, Gewürze, Aprikosen, Salz und Pfeffer zugeben und 12 Min./100° C/Linkslauf/Stufe 1 garen, dabei die letzten 2 Minuten ohne Messbecher garen. Kichererbsen abspülen, abtropfen lassen und unter den Reis heben. Gewürzreis servieren.

Voll mild

Wer mag, kann 2 EL Magermilchjoghurt pro Person als Topping ergänzen für 0–1 PersonalPoints™.

Gebackene Thunfischbrötchen mit Salat

Zubereitungszeit 10 Min. Garzeit 15 Min.

9–10

355 kcal | 1486 kJ

Für 4 Personen

4 Brötchen
1 Zwiebel
1 Knoblauchzehe
2 Tomaten
1 Kugel fettreduzierter Mozzarella
40 g entsteinte schwarze Oliven in Lake
Salz, Pfeffer
1 TL getrockneter Oregano
1 Dose Thunfisch im eigenen Saft (150 g Abtropfgewicht)
1 kleine Dose Mais (140 g Abtropfgewicht)
125 g Pflücksalatmischung (Kühltheke)
1 EL Olivenöl
2 EL dunkler Balsamicoessig

1 Backofen auf 180° C (Gas: Stufe 2, Umluft: 160° C) vorheizen. Brötchen aufschneiden und auf ein mit Backpapier ausgelegtes Backblech legen. Zwiebel schälen, halbieren, mit Knoblauch in den Mixtopf geben, 4 Sek./Stufe 5 zerkleinern und mit dem Spatel nach unten schieben.

2 Tomaten waschen und vierteln. Mozzarella trocken tupfen und vierteln. Tomaten, Mozzarella, Oliven, Salz, Pfeffer und Oregano in den Mixtopf geben und 4 Sek./Stufe 4 zerkleinern. Thunfisch abgießen, mit Mais abtropfen lassen, in den Mixtopf geben und 4 Sek./Stufe 3 verrühren.

3 Brötchenhälften mit Thunfischmasse bestreichen und im Backofen auf mittlerer Schiene ca. 15 Minuten backen. Salat waschen, trocken schleudern und mit Öl, Essig, Salz und Pfeffer vermischen. Thunfischbrötchen mit Salat servieren.

Leichte Käsesauce

Zubereitungszeit 5 Min. Garzeit 10 Min.

4

128 kcal | 537 kJ

Für 4 Personen
1 Kugel fettreduzierter Mozzarella
1 Knoblauchzehe
1 EL Halbfettmargarine
1 EL Mehl
250 g fettarme Milch
100 g Gemüsebrühe
(1/2 TL Instantpulver)
80 g Frischkäse,
bis 5 % Fett absolut
1/2 TL Senf
1/2 TL Paprikapulver
Salz, Pfeffer

1 Mozzarella trocken tupfen, halbieren, in den Mixtopf geben und 4 Sek./Stufe 5 zerkleinern. Mozzarella umfüllen und Mixtopf ausspülen. Knoblauch in den Mixtopf geben, 4 Sek./Stufe 6 zerkleinern und mit dem Spatel nach unten schieben.

2 Margarine dazugeben und 2 Min./120° C/Stufe 1 andünsten. Mehl zufügen und 2 Min./100° C/Stufe 1 mitdünsten. Mit Milch und Brühe ablöschen und 3 Min./80° C/Stufe 2 kochen. Mozzarella, Frischkäse, Senf, Paprikapulver, Salz und Pfeffer dazugeben und 4 Min./80° C/Stufe 2 kochen. Käsesauce zu Pasta oder Gemüse servieren.

Mal anders!

Verfeinere deine Käsesauce nach Belieben mit Kräutern, zum Beispiel Thymian, Oregano und Petersilie.

Fixe Tomatensauce

Zubereitungszeit 10 Min. Garzeit 15 Min.

0

47 kcal | 194 kJ

Für 4 Personen

1 rote Zwiebel
2 Tomaten
2 Knoblauchzehen
1 TL Olivenöl
400 g stückige Tomaten (Konserve)
100 g vegane Gemüsebrühe (1/2 TL Instantpulver)
Salz, Pfeffer
je 2 Stängel Oregano, Basilikum und Thymian

1 Zwiebel schälen und halbieren. Tomaten waschen, vierteln, mit Zwiebeln und Knoblauch in den Mixtopf geben, 4 Sek./Stufe 5 zerkleinern und mit dem Spatel nach unten schieben. Öl zufügen und 2 Min./120° C/Linkslauf/Stufe 1 dünsten.

2 Stückige Tomaten und Brühe dazugeben, mit Salz und Pfeffer würzen und Sauce 10 Min./100° C/Linkslauf/Stufe 1 garen. Kräuter waschen, trocken schütteln und Blätter abziehen. Kräuter zur Sauce geben und 20 Sek./Stufe 5–8 ansteigend pürieren. Tomatensauce mit Salz und Pfeffer abschmecken und zu Nudeln oder Reis servieren.

Variation:

Gare Gemüsestücke in der Sauce, füge Thunfisch (Konserve) oder magere Schinkenwürfel hinzu.

Süß-scharfe Teriyakisauce

Zubereitungszeit 5 Min. Garzeit 10 Min.

3

65 kcal | 271 kJ

Für 4 Personen

1 kleine rote Chilischote
1 Stück Ingwer (ca. 2 cm)
1 Knoblauchzehe
80 g Sojasauce
1 EL Mirin (Reiswein)
100 g Gemüsebrühe
(1/2 TL Instantpulver)
45 g Honig
2 TL Speisestärke
1 EL Wasser

1 Chilischote waschen, entkernen und halbieren. Ingwer schälen und in Scheiben schneiden. Chili mit Ingwer und Knoblauch in den Mixtopf geben, 4 Sek./Stufe 6 zerkleinern und mit dem Spatel nach unten schieben.

2 Sojasauce, Mirin, Brühe und Honig zugeben und 8 Min./90° C/Stufe 1 kochen. Stärke mit Wasser anrühren, in den Mixtopf geben und 2 Min./100° C/Stufe 2 aufkochen. Sauce 15 Sek./Stufe 7–8 ansteigend pürieren und nach Wunsch durch ein Sieb streichen. Teriyakisauce zu Gemüse, Geflügel oder Fisch servieren.

Gut gelagert

Die Teriyakisauce hält sich im Kühlschrank ca. 1 Woche.

Fruchtige Blumenkohl-Curry-Sauce

Zubereitungszeit 10 Min. Garzeit 15 Min.

2

82 kcal | 342 kJ

Für 4 Personen

1 Zwiebel
250 g Blumenkohl
150 g Ananasfruchtfleisch
250 g Haferdrink
200 g vegane Gemüsebrühe
(1 TL Instantpulver)
1 TL Zitronensaft
2 TL Hefeflocken
Salz, Pfeffer
1 TL Curry
1/2 TL Chilipulver
1/2 TL Paprikapulver

1 Zwiebel schälen und halbieren. Blumenkohl waschen und in Röschen teilen. Ananas in kleine Würfel schneiden. Zwiebel mit Blumenkohl in den Mixtopf geben, 4 Sek./Stufe 5 zerkleinern und mit dem Spatel nach unten schieben.

2 Haferdrink und Brühe dazugeben und 9 Min./90° C/Stufe 1 köcheln lassen. Zitronensaft, Hefeflocken, Salz, Pfeffer, Curry, Chili- und Paprikapulver dazugeben und 3 Min./100° C/ Stufe 1 kochen. Sauce 20 Sek./Stufe 7–9 schrittweise ansteigend pürieren. Ananas zur Sauce geben und 3 Min./90° C/ Linkslauf/Stufe 1 erwärmen. Blumenkohl-Curry-Sauce zu Reis oder Gemüse servieren.

SÜSSES & DESSERTS

Von Porridge über Milchreis und Grießbrei bis hin zu Cremes und Kuchenteig – im Mixtopf lassen sich tolle Naschereien zaubern.

Pflaumenporridge mit Pistazien

Zubereitungszeit 10 Min. Garzeit 15 Min.

4–9

278 kcal | 1163 kJ

Für 4 Personen
25 g Pistazien
400 g Pflaumen
3 EL Agavendicksaft
550 g ungesüßter Mandeldrink
140 g zarte Haferflocken

1 Pistazien in den Mixtopf geben, 6 Sek./Stufe 4 hacken und umfüllen. Pflaumen waschen, halbieren und Steine entfernen. Pflaumen in den Mixtopf geben und 3 Sek./Stufe 4 zerkleinern. 1 EL Agavendicksaft dazugeben und 5 Min./120° C/Linkslauf/Sanftrührstufe dünsten. Pflaumenkompott umfüllen und Mixtopf ausspülen.

2 Mandeldrink, Haferflocken und restlichen Agavendicksaft in den Mixtopf geben und 11 Min./90° C/Linkslauf/Sanftrührstufe kochen. Die Hälfte des Pflaumenkompotts dazugeben und 30 Sek./Linkslauf/Stufe 3 unterrühren. Porridge auf 4 Schalen verteilen, restliches Pflaumenkompott daraufgeben und mit Pistazien bestreut servieren.

Zitronen-Karotten-Kuchen

Zubereitungszeit 15 Min. Garzeit 45 Min. Kühlzeit 60 Min.

4–5

127 kcal | 532 kJ

Für 16 Stücke
300 g Karotten
90 g Zucker
2 Eier (Größe M)
70 g Sonnenblumenöl
1 unbehandelte Zitrone
220 g Mehl
2 TL Backpulver
1 Prise Salz
2 TL Halbfettmargarine

1 Backofen auf 180° C (Gas: Stufe 2, Umluft: 160° C) vorheizen. Karotten schälen, in Stücke schneiden, in den Mixtopf geben, 4 Sek./Stufe 6 zerkleinern und umfüllen. Mixtopf ausspülen. Zucker in den Mixtopf geben, 15 Sek./Stufe 10 pulverisieren, mit dem Spatel nach unten schieben und 20 g Puderzucker herausnehmen. Eier und Öl in den Mixtopf geben und 1 Min./Stufe 3 verrühren.

2 Zitronenschale abreiben, Zitrone auspressen und 2 TL Saft beiseitestellen. Karotten, restlichen Zitronensaft und -schale in den Mixtopf geben und 10 Sek./Stufe 4 unterrühren. Mehl, Backpulver und Salz in den Mixtopf geben und 30 Sek./Stufe 3 verrühren. Eine Kastenform (Länge ca. 30 cm) mit Margarine fetten, Teig hineinfüllen und im Backofen auf mittlerer Schiene 40–45 Minuten backen.

3 Kuchen ca. 60 Minuten abkühlen lassen. Für den Guss beiseitegestellten Puderzucker mit restlichem Zitronensaft verrühren und Kuchen damit in Fäden garnieren. Zitronen-Karotten-Kuchen in Stücke schneiden und servieren.

Aprikosen-Mohn-Soufflé

Zubereitungszeit 10 Min. Garzeit 20 Min.

2-4

125 kcal | 939 kJ

Für 6 Stück
250 g Aprikosen
2 Eier (Größe M)
2 Päckchen Vanillezucker
250 g Magerquark
30 g Mohn
1 EL Speisestärke
2 TL Puderzucker

1 Backofen auf 180° C (Gas: Stufe 2, Umluft: 160° C) vorheizen. Aprikosen waschen, halbieren, Steine entfernen, Aprikosen würfeln und auf 6 Souffléförmchen (Inhalt ca. 150 ml) verteilen.

2 Eier trennen. Rühraufsatz in den Mixtopf setzen, Eiklar und 1 Päckchen Vanillezucker dazugeben und 2 Min./Stufe 3 steif schlagen. Eischnee umfüllen und Rühraufsatz entfernen. Eigelb, Quark, Mohn, Stärke und restlichen Vanillezucker in den Mixtopf geben und 1 Min./Stufe 3 verrühren.

3 Quarkmasse nach und nach vorsichtig mit dem Spatel unter den Eischnee heben und auf die Aprikosen geben. Soufflés im Backofen auf mittlerer Schiene ca. 20 Minuten backen, mit Puderzucker bestäuben und sofort servieren.

Kardamom-Grießbrei mit heißen Kirschen

Zubereitungszeit 5 Min. Garzeit 10 Min.

5–7

182 kcal | 763 kJ

Für 4 Personen
400 g entrahmte Milch
50 g trockener Weichweizengrieß
1 TL gemahlener Kardamom
30 g brauner Zucker
300 g Kirschen (TK)
60 g Wasser
2 TL Speisestärke
100 g fettarmer Joghurt

1 Milch, Grieß, Kardamom und 1 EL Zucker in den Mixtopf geben und 8 Min./100° C/Stufe 2 kochen.

2 Kirschen mit 50 g Wasser und restlichem Zucker in einem Topf auf mittlerer Stufe erhitzen und ca. 5 Minuten köcheln lassen. Stärke mit restlichem Wasser anrühren, zu den Kirschen geben und auf hoher Stufe aufkochen. Joghurt unter den Grießbrei rühren und mit Kirschen garnieren. Guten Appetit!

Müsli-Nuss-Riegel

Zubereitungszeit 10 Min. Garzeit 20 Min. Kühlzeit 75 Min.

2–3

109 kcal | 457 kJ

Für 18 Stück
4 getrocknete Aprikosen
4 getrocknete Datteln
30 g Mandeln
30 g Haselnüsse
200 g kernige Haferflocken
30 g Sonnenblumenkerne
1 Banane
2 Eier (Größe M)
1 TL Zimt
1 Prise Salz
60 g Ahornsirup

1 Backofen auf 180° C (Gas: Stufe 2, Umluft: 160° C) vorheizen. Aprikosen mit Datteln in den Mixtopf geben, 5 Sek./Stufe 6 zerkleinern und umfüllen. Mandeln, Haselnüsse, Haferflocken und Sonnenblumenkerne in den Mixtopf geben, 3 Sek./Stufe 6 zerkleinern und umfüllen.

2 Banane schälen, in Stücke schneiden, mit Eiern, Zimt, Salz und Ahornsirup in den Mixtopf geben und 30 Sek./Stufe 4 verrühren. Aprikosen, Datteln und Nuss-Haferflocken-Mischung dazugeben und 20 Sek./Stufe 3 verrühren.

3 Masse in eine mit Backpapier ausgelegte Auflaufform (ca. 15 x 25 cm) füllen, glatt verstreichen und im Backofen auf mittlerer Schiene ca. 20 Minuten backen. Masse ca. 45 Minuten abkühlen lassen, daraus 18 Riegel schneiden, ca. 30 Minuten abkühlen lassen und Müsli-Nuss-Riegel servieren.

Mango-Kokos-Cupcakes

Zubereitungszeit 25 Min. Garzeit 30 Min. Kühlzeit 30 Min.

6–7

179 kcal | 750 kJ

Für 12 Stück

1 kleine Mango (ca. 200 g)
90 g Zucker
80 g Halbfettmargarine
3 Eier (Größe M)
70 g fettreduzierte Kokosmilch
200 g Mehl
2 TL Backpulver
1 Prise Salz
1 EL Kokosraspel
250 g Frischkäse, bis 5 % Fett absolut
1 Beutel Sofort-Gelatine

1 Backofen auf 180° C (Gas: Stufe 2, Umluft: 160° C) vorheizen. Mango schälen, das Fruchtfleisch in Spalten vom Stein schneiden, in den Mixtopf geben und 8 Sek./Stufe 8 pürieren. Mangopüree umfüllen und Mixtopf ausspülen.

2 Zucker in den Mixtopf geben, 15 Sek./Stufe 10 pulverisieren, mit dem Spatel nach unten schieben und 30 g Puderzucker herausnehmen. Die Hälfte des Mangopürees, 60 g Margarine, Eier, Kokosmilch, Mehl, Backpulver und Salz in den Mixtopf geben und 1 Min./Stufe 3 verrühren.

3 Teig in 12 Silikon-Muffinförmchen oder Papiermanschetten füllen, im Backofen auf mittlerer Schiene ca. 30 Minuten backen und ca. 30 Minuten abkühlen lassen. Kokosraspel fettfrei in einer Pfanne auf mittlerer Stufe 2–3 Minuten rösten.

4 Für das Topping Frischkäse mit beiseitegestelltem Puderzucker, restlicher Margarine, restlichem Mangopüree und Sofort-Gelatine verrühren und ca. 15 Minuten kalt stellen. Topping in einen Spritzbeutel mit Sterntülle füllen, Cupcakes damit verzieren und mit Kokosraspeln bestreuen. Mango-Kokos-Cupcakes servieren.

Herbe Schokocreme

Zubereitungszeit 10 Min. Gefrierzeit 4 Std.

2–5

186 kcal | 779 kJ

Für 4 Gläser

1 kleine reife Banane
150 g Avocado
5 getrocknete Datteln
30 g Kakaopulver
170 g griechischer Joghurt, Natur, bis 0,2 % Fett

1 Banane schälen, in Stücke schneiden, in einen Gefrierbeutel geben und ca. 4 Stunden gefrieren lassen. Avocado halbieren, Stein entfernen und Fruchtfleisch aus der Schale lösen. Datteln gegebenenfalls entsteinen, in den Mixtopf geben, 3 Sek./Stufe 6 zerkleinern und mit dem Spatel nach unten schieben.

2 Banane dazugeben, 5 Sek./Stufe 8 zerkleinern, mit dem Spatel nach unten schieben und erneut 3 Sek./Stufe 8 zerkleinern. Avocado, 25 g Kakaopulver und Joghurt zufügen und 8 Sek./Stufe 5 pürieren. Schokocreme auf 4 Gläser (Inhalt ca. 150 g) verteilen, mit restlichem Kakaopulver bestäuben und Schokocreme servieren.

Gut gespart!

Das Rezept kommt ganz ohne zusätzlichen Zucker aus.

Brombeer-Skyr-Torte

Zubereitungszeit 20 Min. Garzeit 5 Min. Kühlzeit 75 Min.

8

179 kcal | 750 kJ

Für 10 Stücke
100 g Butterkekse
50 g Halbfettmargarine
100 g Schlagsahne, 30 % Fett
90 g weiße Kuvertüre
2 Blätter Gelatine
300 g Skyr, Natur
2 TL abgeriebene unbehandelte Zitronenschale
2 TL Vanillepaste
250 g Brombeeren

1 Butterkekse in den Mixtopf geben, 6 Sek./Stufe 6 zerkleinern. Margarine dazugeben und 3 Min./50° C/Stufe 2 schmelzen. Keksmasse in einer mit Backpapier ausgelegten Springform (Ø 20 cm) verteilen. Masse fest andrücken und ca. 15 Minuten kalt stellen. Mixtopf kalt ausspülen.

2 Rühraufsatz in den Mixtopf setzen, Sahne dazugeben und 1 Min. 15 Sek./Stufe 3 aufschlagen. Sahne umfüllen, Rühraufsatz entfernen und Mixtopf ausspülen. Kuvertüre in Stücke schneiden, in den Mixtopf geben und 4 Min./50° C/Stufe 1 schmelzen.

3 Gelatine nach Packungsanweisung einweichen, ausdrücken und mit Skyr, 1 TL Zitronenschale und Vanillepaste im Mixtopf 30 Sek./Stufe 3 verrühren. Schokoladen-Skyr-Masse vorsichtig unter die Sahne heben.

4 Brombeeren waschen und trocken tupfen. Creme auf dem Keksboden verteilen, mit Brombeeren belegen und Torte ca. 60 Minuten kalt stellen. Brombeer-Skyr-Torte mit restlicher Zitronenschale garnieren, in Stücke schneiden und servieren.

Schnelles Erdbeer-Joghurt-Eis

Zubereitungszeit 5 Min.

3–5

129 kcal | 539 kJ

Für 2 Personen

300 g Erdbeeren (TK)
170 g griechischer Joghurt, Natur, bis 0,2 % Fett
20 g Ahornsirup
8 Blätter Minze

1 Erdbeeren in den Mixtopf geben, 8 Sek./Stufe 8 zerkleinern und mit dem Spatel nach unten schieben. Joghurt und Ahornsirup dazugeben und 20 Sek./Stufe 4 verrühren.

2 Minze waschen und trocken schütteln. Erdbeer-Joghurt-Eis mit einem Eisportionierer auf zwei Schalen verteilen, mit Minze garnieren und servieren.

Apfel-Mandel-Kuchen mit Baiser

Zubereitungszeit 20 Min. Garzeit 30 Min.

5–6

170 kcal | 712 kJ

Für 16 Stücke

1 unbehandelte Zitrone
4 Eier (Größe M)
80 g Mandeln
120 g Zucker
100 g Halbfettmargarine
80 g entrahmte Milch
210 g Mehl
1 TL Backpulver
3 süßliche Äpfel (z. B. Gala)
1 Prise Salz

1 Zitronenschale abreiben und Zitrone auspressen. 2 Eier trennen und Eiklar beiseitestellen. Mandeln in den Mixtopf geben, 5 Sek./Stufe 6 hacken und umfüllen. 70 g Zucker, Margarine, Eigelb und restliche Eier in den Mixtopf geben, 1 Min./Stufe 3 verrühren. Milch, Mehl, Backpulver, Zitronensaft und -schale dazugeben und 30 Sek./Stufe 3 verrühren.

2 Backofen auf 180° C (Gas: Stufe 2, Umluft: 160° C) vorheizen. Äpfel waschen, vierteln, entkernen und in Spalten schneiden. Teig in einem Backrahmen (ca. 25 x 30 cm) auf einem mit Backpapier ausgelegten Backblech verstreichen, Äpfel auf dem Teig verteilen, mit 40 g Mandeln bestreuen und im Backofen auf mittlerer Schiene ca. 20 Minuten backen.

3 Mixtopf ausspülen und Rühraufsatz einsetzen. Eiklar mit restlichem Zucker und Salz in den Mixtopf geben und 3 Min./Stufe 4 steif schlagen. Restliche Mandeln vorsichtig mit dem Spatel unterheben und Eischneemasse in Klecksen auf dem Kuchen verteilen. Apfel-Mandel-Kuchen auf oberster Schiene ca. 10 Minuten fertig backen, in Stücke schneiden und servieren.

Zimtmilchreis mit Vanille-Heidelbeeren

Zubereitungszeit 10 Min. Garzeit 45 Min.

7-8

227 kcal | 949 kJ

Für 4 Personen

1 Vanilleschote
600 g entrahmte Milch
2 Päckchen Vanillezucker
1 Prise Salz
140 g trockener Milchreis
2 TL Zimt
250 g Heidelbeeren

1 Vanilleschote längs aufschneiden und das Mark herauskratzen. Milch, 1 Päckchen Vanillezucker, Salz und Vanilleschote in den Mixtopf geben und 5 Min./100° C/Linkslauf/Stufe 1 aufkochen. Milchreis zufügen und ohne Messbecher 35 Min./90° C/Linkslauf/Stufe 1 garen. Zimt dazugeben und weitere 5 Min./90° C/Linkslauf/Stufe 1 garen.

2 Vanilleschote aus dem Milchreis entfernen. Milchreis auf 4 Schalen verteilen, quellen lassen und Mixtopf ausspülen. Heidelbeeren waschen, trocken tupfen, mit Vanillemark und restlichem Vanillezucker in den Mixtopf geben und 4 Min./100° C/Linkslauf/Sanftrührstufe kochen. Vanille-Heidelbeeren auf den Zimtmilchreis geben und servieren.

Schoko-Orangen-Quark

Zubereitungszeit 10 Min.

5–7

196 kcal | 811 kJ

Für 4 Gläser

1 unbehandelte Orange
2 Tüten WW Crispies mit Schokolade und Orangenschalen
20 g Zartbitterschokolade
500 g Magerquark
1 Päckchen Vanillezucker

1 Orangenschale abreiben und Orange auspressen. WW Getreide-Crispies in den Mixtopf geben und 4 Sek./Stufe 6 zerkleinern. Die Hälfte der Kekse auf 4 Gläser (Inhalt 200 ml) verteilen und restliche Keksbrösel beiseitestellen.

2 Schokolade in den Mixtopf geben und 5 Sek./Stufe 8 zerkleinern. 1 TL herausnehmen, Quark, Orangensaft, 1 TL Orangenschale und Vanillezucker in den Mixtopf geben und 30 Sek./Stufe 3 verrühren.

3 Die Hälfte der Quarkmasse auf die Gläser verteilen, restliche Kekse und restlichen Quark daraufgeben und mit restlicher Orangenschale und restlicher Schokolade bestreuen. Schoko-Orangen-Quark sofort genießen oder kalt stellen.

Fruchtig-schokoladig

Die leckeren WW Crispies mit Schokolade und Orangenschalen passen perfekt zu diesem cremigen Quarkdessert. Erhältlich im WW Studio oder unter wwshop.de.

Saftige Johannisbeermuffins

Zubereitungszeit 10 Min. Garzeit 35 Min.

5–6

149 kcal | 623 kJ

Für 12 Stück
80 g Zucker
120 g vegane Halbfettmargarine
150 g Apfelmus ohne Zucker
100 g Haferdrink
180 g Mehl
60 g zarte Haferflocken
1 Päckchen Backpulver
1 Prise Salz
200 g Johannisbeeren

1 Backofen auf 180° C (Gas: Stufe 2, Umluft: 160° C) vorheizen. Zucker in den Mixtopf geben, 15 Sek./Stufe 10 pulverisieren, mit dem Spatel nach unten schieben und 2 TL Puderzucker herausnehmen. Margarine, Apfelmus, Haferdrink, Mehl, Haferflocken, Backpulver und Salz in den Mixtopf geben und 1 Min./Stufe 3 unterrühren.

2 Johannisbeeren waschen, trocken tupfen, 150 g zum Teig geben und 10 Sek./Linkslauf/Stufe 2 unterrühren. Teig in 12 Silikon-Muffinförmchen oder Papiermanschetten füllen und restliche Johannisbeeren daraufgeben. Muffins im Backofen im unteren Drittel 30–35 Minuten backen, mit restlichem Puderzucker bestäuben und genießen.

Monikas Empfehlung

Richtig lecker, kinderleicht und schnell gemacht. Probiert's aus!

Crêpes mit Erdbeersauce

Zubereitungszeit 5 Min. Garzeit 10 Min.

4–5

156 kcal | 652 kJ

Für 4 Stück
80 g Mehl
1 Ei (Größe M)
1 Prise Salz
2 TL Zucker
150 g entrahmte Milch
250 g Erdbeeren
1 EL Wasser
2 TL Rapsöl

1 Mehl, Ei, Salz, 1 TL Zucker und Milch in den Mixtopf geben und 30 Sek./Stufe 3 verrühren. Teig umfüllen und Mixtopf ausspülen.

2 Erdbeeren waschen, trocken tupfen, 100 g gegebenenfalls halbieren und beiseitestellen. Restliche Erdbeeren in den Mixtopf geben und 5 Sek./Stufe 5 zerkleinern. Wasser und restlichen Zucker dazugeben und 5 Min./80° C/Stufe 2 erhitzen. Erdbeeren 5 Sek./Stufe 7 pürieren.

3 Öl portionsweise in einer Pfanne auf mittlerer Stufe erhitzen und aus dem Teig darin nacheinander 4 dünne Crêpes backen, dabei 1–2 Minuten von jeder Seite braten. Crêpes mit Erdbeersauce beträufeln und mit Erdbeeren garniert servieren.

Noch Punkte übrig?

Serviere zu deinem Crêpe 1 Kugel Vanilleeis (à 50 g) pro Person. Der PersonalPoints™ Wert erhöht sich auf 10–11.

Brombeermousse

Zubereitungszeit 10 Min.

1-3

81 kcal | 340 kJ

Für 4 Gläser

2 Eiklar (Größe M)
1 Prise Salz
1 TL Zucker
500 g Brombeeren
1 EL Honig
8 Blätter Minze

1 Rühraufsatz in den Mixtopf einsetzen, Eiklar, Salz und Zucker dazugeben und 2 Min./Stufe 3 aufschlagen. Eischnee umfüllen und Rühraufsatz entfernen.

2 Brombeeren waschen und trocken tupfen. 400 g Brombeeren mit Honig in den Mixtopf geben, 15 Sek./Stufe 5 pürieren und durch ein Sieb streichen, dabei die Flüssigkeit auffangen und zurück in den Mixtopf geben. Rühraufsatz in den Mixtopf setzen, Eischnee dazugeben und 15 Sek./Stufe 3 unterrühren.

3 Mousse in 4 Gläser (Inhalt ca. 150 g) füllen. Minze waschen, trocken schütteln und Blätter abzupfen. Brombeermousse mit Minze und restlichen Brombeeren garnieren und genießen.

Avocado Double Choc Brownies

Zubereitungszeit 15 Min. Garzeit 40 Min. Kühlzeit 30 Min.

5–6

152 kcal | 636 kJ

Für 15 Stücke

50 g Zartbitterschokolade
150 g Avocado
100 ml fettarme Milch
60 g Zucker
1 Päckchen Vanillezucker
2 Eier (Größe M)
70 g Halbfettmargarine
160 g Mehl
50 g Kakaopulver
2 TL Backpulver
1 Prise Salz
30 g weiße Schokolade

1 Backofen auf 180° C (Gas: Stufe 2, Umluft: 160° C) vorheizen. Zartbitterschokolade in Stücke schneiden, in den Mixtopf geben und 4 Min./50° C/Stufe 1 schmelzen. Avocado halbieren, Stein entfernen, Fruchtfleisch aus der Schale lösen, in den Mixtopf geben und 8 Sek./Stufe 5 pürieren.

2 Milch, Zucker, Vanillezucker, Eier und Margarine in den Mixtopf geben und 30 Sek./Stufe 3 verrühren. Mehl, Kakaopulver, Backpulver und Salz dazugeben und 1 Min./Stufe 3 unterrühren. Teig in eine mit Backpapier ausgelegte Auflaufform (ca. 15 x 25 cm) füllen und im Backofen auf mittlerer Schiene 30–35 Minuten backen.

3 Brownies ca. 30 Minuten abkühlen lassen. Mixtopf ausspülen. Weiße Schokolade in Stücke schneiden, in den Mixtopf geben und 3 Min./50° C/Stufe 1 schmelzen. Brownies mit Schokolade in Fäden garnieren, in Stücke schneiden und genießen.

Vanillecreme mit Birnenkompott

Zubereitungszeit 10 Min. Garzeit 15 Min. Kühlzeit 10 Min.

9–14

371 kcal | 1551 kJ

Für 2 Personen

15 g Walnüsse
1 Vanilleschote
350 g entrahmte Milch
1 Ei (Größe M)
2 Päckchen Vanillezucker
30 g Speisestärke
2 Birnen
1 Msp. geriebene Muskatnuss
60 g Wasser

1 Walnüsse in den Mixtopf geben, 3 Sek./Stufe 5 hacken, umfüllen und Mixtopf ausspülen. Vanilleschote längs aufschneiden und das Mark herauskratzen. Milch, Ei, 1 Päckchen Vanillezucker, 25 g Stärke, Vanillemark und Vanilleschote in den Mixtopf geben und 7 Min./90° C/Linkslauf/Stufe 3 aufkochen.

2 Vanilleschote entfernen, Creme auf 2 Gläser (Inhalt ca. 400 ml) verteilen und ca. 10 Minuten abkühlen lassen. Mixtopf ausspülen. Birnen waschen, vierteln, entkernen, mit restlichem Vanillezucker und Muskatnuss in den Mixtopf geben und 3 Sek./Stufe 4 zerkleinern. 50 g Wasser dazugeben und 5 Min./Varoma/Linkslauf/Sanftrührstufe garen.

3 Restliche Stärke mit restlichem Wasser anrühren, zu den Birnen geben und 2 Min./100° C/Linkslauf/Stufe 2 aufkochen. Birnenkompott auf der Vanillecreme verteilen, mit Walnüssen bestreuen und servieren.

Himbeer-Grieß-Auflauf

Zubereitungszeit 15 Min. Garzeit 35 Min. Kühlzeit 15 Min.

4–8

226 kcal | 945 kJ

Für 6 Personen
1/2 unbehandelte Zitrone
4 Eier (Größe M)
60 g Zucker
600 g Skyr, Natur
20 g Mehl
60 g Weichweizengrieß
250 g Himbeeren

1 Backofen auf 160° C (Gas: Stufe 1, Umluft: 140° C) vorheizen. Zitronenschale abreiben und Zitronenhälfte auspressen. Eier trennen. Rühraufsatz in den Mixtopf einsetzen, Eiklar und 30 g Zucker dazugeben und 2 Min./Stufe 4 steif schlagen. Eischnee umfüllen und Rühraufsatz entfernen.

2 Eigelb, restlichen Zucker und Zitronenschale in den Mixtopf geben und 1 Min./Stufe 3 verrühren. Skyr und Zitronensaft dazugeben und 30 Sek./Stufe 3 unterrühren. Mehl und Grieß zufügen und 1 Min./Stufe 3 vermischen. Himbeeren waschen, trocken tupfen und 150 g mit Eischnee unter die Skyrmasse heben.

3 Teig in eine ovale Auflaufform (Ø 26 cm) füllen. Restliche Himbeeren daraufgeben und im Backofen auf mittlerer Schiene ca. 35 Minuten backen. Himbeer-Grieß-Auflauf ca. 15 Minuten abkühlen lassen und genießen.

Monikas Tipp

Ein toller Kuchenersatz und dabei richtig lecker. Besonders fluffig ist er, wenn er warm aus dem Ofen kommt.

Kokos-Ananas-Eis am Stiel

Zubereitungszeit 5 Min. Gefrierzeit 3 Std.

3

66 kcal | 276 kJ

Für 4 Stück

170 g Ananas (TK)
70 g fettreduzierte Kokosmilch
1 EL Agavendicksaft
2 TL Kokosraspel

1 Ananas in den Mixtopf geben, 8 Sek./Stufe 8 zerkleinern und mit dem Spatel nach unten schieben. Kokosmilch und Agavendicksaft dazugeben und 20 Sek./Stufe 4 verrühren.

2 4 Eisförmchen (à 60 g) mit etwas Kokosraspeln ausstreuen, Eismasse darauf verteilen, mit restlichen Kokosraspeln bestreuen und ca. 3 Stunden gefrieren lassen. Kokos-Ananas-Eis genießen.

Limettencreme mit weißer Schokolade

Zubereitungszeit 15 Min. Garzeit 5 Min. Kühlzeit 60 Min.

7–8

165 kcal | 696 kJ

Für 4 Gläser

1 unbehandelte Limette
50 g Schlagsahne, 30 % Fett
50 g weiße Schokolade
300 g Magermilchjoghurt
15 g Zucker

1 Limettenschale abreiben und Limette auspressen. Rühraufsatz in den Mixtopf setzen, Sahne dazugeben und 1 Min./Stufe 1–3 schrittweise ansteigend aufschlagen. Sahne umfüllen, Rühraufsatz entfernen und Mixtopf ausspülen.

2 Schokolade in Stücke schneiden, in den Mixtopf geben und 3 Min./50° C/Stufe 1 schmelzen. Joghurt, Limettensaft, 1 TL Limettenschale und Zucker in den Mixtopf geben und 30 Sek./Stufe 3 verrühren.

3 Sahne in den Mixtopf geben und 15 Sek./Stufe 3 unterrühren. Creme in 4 Gläser (Inhalt ca. 150 ml) geben und ca. 60 Minuten kalt stellen. Limettencreme mit restlicher Limettenschale garnieren und genießen.

BROTE & AUFSTRICHE

Von vollwertigem Brot über rustikales Baguette bis hin zu süßem Hefebrot. Kombiniert mit schnell gemixten Aufstrichen – einfach lecker!

Kräuter-Knoblauch-Baguette Rustica

Zubereitungszeit 15 Min. Garzeit 35 Min. Kühlzeit 10 Min. Gehzeit 75 Min.

2

85 kcal | 354 kJ

Für 1 Baguette à 16 Scheiben

370 g trockener Dinkel
je 3 Stängel Petersilie und Basilikum
4 Zweige Thymian
2 Knoblauchzehen
300 g Wasser
1 Päckchen Trockenhefe
1 TL Zucker
2 TL Salz

1 Dinkel in den Mixtopf geben, 1 Min./Stufe 10 mahlen und umfüllen. Petersilie, Basilikum und Thymian waschen, trocken schütteln und Blätter abzupfen. Kräuter mit Knoblauch in den Mixtopf geben, 5 Sek./Stufe 6 zerkleinern und mit dem Spatel nach unten schieben.

2 350 g Mehl, 200 g Wasser, Hefe, Zucker und Salz dazugeben und 2 Min./Teigknetstufe kneten. Teig in eine Schüssel geben und abgedeckt ca. 60 Minuten gehen lassen.

3 Arbeitsfläche mit restlichem Mehl bestäuben und Teig darauf zu einem Baguette (Länge ca. 40 cm) formen. Baguette auf ein Baguetteblech oder ein mit Backpapier ausgelegtes Backblech legen und weitere ca. 15 Minuten gehen lassen.

4 Backofen auf 200° C (Gas: Stufe 3, Umluft: 180° C) vorheizen. Baguette an der Oberfläche mehrfach schräg einschneiden und im Backofen auf mittlerer Schiene 30–35 Minuten backen, dabei eine feuerfeste Schale mit restlichem Wasser in den Ofen stellen. Baguette ca. 10 Minuten abkühlen lassen und in Scheiben schneiden.

Schafskäse-Schinken-Dip, S. 202

Skyrbrot ohne Mehl

Zubereitungszeit 10 Min. Garzeit 45 Min. Kühlzeit 60 Min.

1–3

139 kcal | 580 kJ

Für 16 Scheiben
300 g kernige Haferflocken
80 g Leinsamen
3 Eier (Größe M)
500 g Skyr, Natur
50 g Haferkleie
1 Päckchen Backpulver
1 TL Salz
1/2 TL gemahlener Kümmel
2 TL Halbfettmargarine

1 Backofen auf 180° C (Gas: Stufe 2, Umluft: 160° C) vorheizen. 200 g Haferflocken mit Leinsamen in den Mixtopf geben, 10 Sek./Stufe 8 schroten und umfüllen. Eier und Skyr in den Mixtopf geben und 30 Sek./Stufe 3 verrühren.

2 Restliche Haferflocken, Leinsamen-Haferflocken-Mischung, Haferkleie, Backpulver, Salz und Kümmel dazugeben und 2 Min./Teigknetstufe kneten. Eine Kastenform (Länge ca. 25 cm) mit Margarine fetten, Teig hineingeben, glatt verstreichen und im Backofen auf mittlerer Schiene 40–45 Minuten backen. Skyrbrot ca. 60 Minuten abkühlen lassen und in 16 Scheiben schneiden.

Dattel-Walnuss-Dip
mit Frischkäse, S. 205

Dinkelbrot mit Körnern

Zubereitungszeit 5 Min. Garzeit 50 Min. Gehzeit 30 Min. Kühlzeit 30 Min.

4

152 kcal | 638 kJ

Für 16 Scheiben

200 g trockener Weizen
200 g trockener Dinkel
1/2 Würfel Hefe
1 TL Zucker
400 g lauwarmes Wasser
80 g Leinsamen
60 g Sonnenblumenkerne
60 g Kürbiskerne
2 TL Salz
2 TL vegane Halbfettmargarine

1 Weizen und Dinkel in den Mixtopf geben und 1 Min./Stufe 10 mahlen. Hefe zerbröckeln und mit Zucker in Wasser auflösen. Leinsamen, Sonnenblumenkerne, Kürbiskerne, Hefemischung und Salz in den Mixtopf geben und 3 Min./Teigknetstufe kneten.

2 Eine Kastenform (Länge ca. 30 cm) mit Margarine fetten, Teig hineingeben, glatt verstreichen und abgedeckt ca. 30 Minuten gehen lassen. Backofen auf 200° C (Gas: Stufe 3, Umluft: 180° C) vorheizen. Dinkelbrot im Backofen auf unterer Schiene 45–50 Minuten backen, ca. 30 Minuten abkühlen lassen und in 16 Scheiben schneiden.

Das steckt drin

Dank der ganzen Dinkelkörner und der Saaten nimmst du hier die volle Ladung Ballaststoffe auf – super gesund und sättigend!

Bratapfelaufstrich mit Mandeln, S. 205

Klassische Vollkorn-Burgerbrötchen

Zubereitungszeit 15 Min. Garzeit 20 Min. Gehzeit 90 Min.

5

200 kcal | 839 kJ

Für 4 Stück

210 g trockener Weizen
50 g Wasser
70 g fettarme Milch
2 TL Halbfettmargarine
1/4 Würfel Hefe
1 Prise Zucker
1 TL Salz
1 TL Sesam

1 Weizen in den Mixtopf geben, 1 Min./Stufe 10 mahlen und umfüllen. Wasser, 60 g Milch und Margarine in den Mixtopf geben und 3 Min./37° C/Stufe 1 erwärmen. Hefe und Zucker zugeben und 3 Min./37° C/Stufe 2 verrühren. 200 g Mehl und Salz dazugeben und 2 Min./Teigknetstufe kneten. Teig in eine Schüssel geben und abgedeckt ca. 60 Minuten gehen lassen.

2 Arbeitsfläche mit restlichem Mehl bestäuben, Teig darauf kurz durchkneten, in 4 Teile teilen und zu Kugeln formen. Burgerbrötchen auf ein mit Backpapier ausgelegtes Backblech legen und abgedeckt weitere ca. 30 Minuten gehen lassen.

3 Backofen auf 200° C (Gas: Stufe 3, Umluft: 180° C) vorheizen. Brötchen mit restlicher Milch bestreichen, mit Sesam bestreuen und im Backofen auf mittlerer Schiene ca. 20 Minuten backen.

Süßes Hefebrot

Zubereitungszeit 15 Min.   Garzeit 20 Min.   Gehzeit 90 Min.

4

111 kcal | 463 kJ

Für 16 Scheiben

130 g fettarme Milch
1/2 Würfel Hefe
50 g Zucker
50 g Halbfettmargarine
1 Ei (Größe M)
320 g Mehl
1 Prise Salz
40 g Rosinen

1 120 g Milch, Hefe und Zucker in den Mixtopf geben und 2 Min./37° C/Stufe 2 erwärmen. Margarine, Ei, 310 g Mehl und Salz zugeben und 2 Min./Teigknetstufe kneten. Rosinen zufügen und 1 Min./Teigknetstufe unterkneten. Teig in eine Schüssel geben und abgedeckt ca. 60 Minuten gehen lassen.

2 Backofen auf 240° C (Gas: Stufe 5, Umluft: 220° C) vorheizen. Arbeitsfläche mit restlichem Mehl bestäuben und Teig darauf zu einem Brot (Länge ca. 30 cm) formen. Teig auf ein mit Backpapier ausgelegtes Backblech legen und abgedeckt weitere ca. 30 Minuten gehen lassen.

3 Ofentemperatur auf 180° C (Gas: Stufe 2, Umluft: 160° C) reduzieren.Hefebrot mit restlicher Milch bestreichen und im Backofen auf mittlerer Schiene ca. 20 Minuten backen. Hefebrot in 16 Scheiben schneiden.

Süße Flatbreads mit Quark

Zubereitungszeit 15 Min. Garzeit 10 Min.

7–8

228 kcal | 954 kJ

Für 6 Stück

230 g Mehl
1 Päckchen Backpulver
1 Prise Salz
30 g Zucker
1 Päckchen Vanillezucker
100 g Magerquark
1 Ei (Größe M)
30 g Sonnenblumenöl

1 Backofen auf 180° C (Gas: Stufe 2, Umluft: 160° C) vorheizen. 215 g Mehl, Backpulver, Salz, Zucker, Vanillezucker, Quark, Ei und Öl in den Mixtopf geben und 1 Min. 30 Sek./Teigknetstufe kneten.

2 Arbeitsfläche mit restlichem Mehl bestäuben, Teig darauf kurz durchkneten und in 6 Teile teilen. Teig jeweils oval ausrollen und auf ein mit Backpapier ausgelegtes Backblech geben. Flatbreads im Backofen auf mittlerer Schiene ca. 10 Minuten backen.

Gut kombiniert

Belege die Fladbreads nach Wunsch, zum Beispiel mit Obst, und backe sie weitere 5–10 Minuten.

Stracciatella-Aufstrich, S. 206

Linsencreme mit Oliven

Zubereitungszeit 10 Min. Garzeit 15 Min.

1-2

101 kcal | 423 kJ

Für 4 Personen
80 g trockene rote Linsen
Salz, Pfeffer
1/2 TL Kreuzkümmel
200 g Wasser
4 Stängel Petersilie
30 g entsteinte schwarze Oliven in Lake
1 TL Tomatenmark
40 g saure Sahne

1 Linsen mit 1 TL Salz, Kreuzkümmel und Wasser in den Mixtopf geben, 15 Min./100° C/Sanftrührstufe garen und umfüllen.

2 Petersilie waschen, trocken schütteln, grob hacken, in den Mixtopf geben, 8 Sek./Stufe 6 zerkleinern und mit dem Spatel nach unten schieben. Oliven dazugeben und 4 Sek./Stufe 5 zerkleinern. Tomatenmark, saure Sahne, Pfeffer und Linsen dazugeben und 20 Sek./Stufe 3 verrühren. Linsencreme servieren.

Schafskäse-Schinken-Dip

Zubereitungszeit 5 Min.

4

102 kcal | 426 kJ

Für 4 Personen
2 Zweige Thymian
3 Stängel Oregano
1 Knoblauchzehe
80 g Schafskäse, 25 % Fett i. Tr.
80 g Schmand
50 g magere Schinkenwürfel
Pfeffer

1 Thymian und Oregano waschen, trocken schütteln und Blätter abzupfen. Kräuter und Knoblauch in den Mixtopf geben, 5 Sek./Stufe 6 zerkleinern und mit dem Spatel nach unten schieben.

2 Schafskäse dazugeben und 5 Sek./Stufe 5 zerkleinern. Schmand und Schinkenwürfel zufügen und 15 Sek./Stufe 3 verrühren. Schafskäse-Schinken-Dip mit Pfeffer abschmecken und servieren.

Bratapfelaufstrich mit Mandeln

Zubereitungszeit 10 Min. Garzeit 10 Min.

2–3

79 kcal | 330 kJ

Für 6 Personen

2 süßliche Äpfel (z. B. Gala)
30 g Zucker
1 TL Zimt
20 g Mandeln
1 TL Speisestärke
1 EL Wasser
1 EL Zitronensaft
4 Tropfen Bittermandelaroma

1 Äpfel waschen, vierteln, entkernen, in den Mixtopf geben und 3 Sek./Stufe 5 zerkleinern. Zucker und Zimt zugeben und 6 Min./90° C/Linkslauf/Stufe 1 garen. Mandeln in einer Pfanne auf mittlerer Stufe 2–3 Minuten rösten und hacken.

2 Stärke mit Wasser anrühren, mit Zitronensaft und Bittermandelaroma in den Mixtopf geben und 2 Min./100° C/Linkslauf/Stufe 1 aufkochen. Mandeln mit dem Spatel unter den Bratapfelaufstrich heben und servieren.

Dattel-Walnuss-Dip mit Frischkäse

Zubereitungszeit 5 Min.

3

105 kcal | 439 kJ

Für 4 Personen

3 Zweige Thymian
4 getrocknete Datteln
25 g Walnüsse
150 g Frischkäse,
bis 5% Fett absolut
1/2 TL Paprikapulver
Salz, Pfeffer

1 Thymian waschen, trocken schütteln, Blätter abzupfen, mit Datteln in den Mixtopf geben, 4 Sek./Stufe 8 zerkleinern und mit dem Spatel nach unten schieben.

2 Walnüsse dazugeben, 5 Sek./Stufe 6 zerkleinern und mit dem Spatel nach unten schieben. Frischkäse, Paprikapulver, Salz und Pfeffer dazugeben, 10 Sek./Stufe 3 verrühren und Dip servieren.

Himbeer-Trauben-Gelee

Zubereitungszeit 15 Min. Garzeit 20 Min. Kühlzeit 3 Std. 15 Min.

1-2

34 kcal | 143 kJ

Für 1 Glas à 20 EL

250 g kernlose rote Weintrauben
250 g Himbeeren
100 g Gelierzucker 3:1
1 TL Vanilleextrakt
1 EL Zitronensaft

1 Weintrauben mit Himbeeren waschen, in den Mixtopf geben und 3 Sek./Stufe 5 zerkleinern. Obst 10 Min./95° C/Stufe 1 aufkochen, durch ein Sieb streichen, Saft auffangen und kurz abkühlen lassen. Mixtopf ausspülen.

2 Obstsaft, Gelierzucker, Vanilleextrakt und Zitronensaft in den Mixtopf geben, 10 Min./100° C/Stufe 2 aufkochen, in ein Glas (Inhalt 400 g) füllen und verschließen. Glas ca. 5 Minuten auf den Kopf stellen, umdrehen und ca. 3 Stunden abkühlen lassen. Gelee servieren oder trocken lagern. Nach dem Öffnen hält sich das Gelee ca. 4 Wochen im Kühlschrank.

Stracciatella-Aufstrich

Zubereitungszeit 5 Min. Garzeit 5 Min.

3-4

83 kcal | 347 kJ

Für 6 Personen

30 g weiße Schokolade
1 EL Zucker
250 g Magerquark
20 g Zartbitter-Raspelschokolade

1 Weiße Schokolade in Stücke schneiden, in den Mixtopf geben und 3 Min./50° C/Stufe 1 schmelzen. Zucker und Quark dazugeben und 20 Sek./Stufe 3 verrühren. Creme mit dem Spatel durchrühren und weitere 20 Sek./Stufe 3 verrühren. Raspelschokolade mit dem Spatel unterheben und Stracciatella-Aufstrich servieren.

Register nach Alphabet

Register nach Alphabet

T

V

W

Z

Register nach Zutaten und Stichworten

Brote, Burger & Co.

Fisch & Meeresfrüchte

Fleisch & Schinken

Geflügel

Glutenfrei

Register nach Zutaten und Stichworten

Hülsenfrüchte

Kartoffeln & Süßkartoffeln

Nüsse & Kerne

Nudeln

Reis, Bulgur & Co.

Obst

Vegan

Vegetarisch

vegetarisch vegan
glutenfrei laktosefrei nussfrei

Die Kennzeichnung wie zum Beispiel „gluten-“, „laktose-“ oder „nussfrei“ bei den Rezepten ist rein informativ und nicht verbindlich. Es liegt in der persönlichen Verantwortung zu prüfen, ob die verwendeten Lebensmittel die Anforderungen erfüllen.

Impressum

Herausgeber & Redaktion
WW (Deutschland) GmbH
Claudia Braun, Amelie Epping

Rezepte & Realisierung
Geschmackswerk UG
Nathalie Döscher, Silke Höpker

Fotografie & Styling
Hubertus Schüler

Foto-Assistenz
Benedikt Obermeier

Foodstyling
Stefan Mungenast

Bildnachweise
WW International

Gestaltungskonzept & Grafik
Geschmackswerk UG, Petra Penker

Druck
paffrath print & medien GmbH

WW (Deutschland) GmbH
ww.com
Info-Hotline 0211-36874236
SKU: 402421
ISBN: 978-3-9822975-2-1

1. Auflage 2021

Wir freuen uns auf deine Bewertung dieses Kochbuchs unter:
wwshop.de oder schicke uns eine E-Mail an leserservice@ww.com

Zeigt uns eure Rezeptfotos!
Jetzt auf Instagram posten:
#wwkochbuch